CONFÉRENCES

SUR LE

CANADA FRANÇAIS

VERSAILLES. — TYP. CERF ET FILS, 59, RUE DU PLESSIS.

CONFÉRENCES

SUR LE

CANADA FRANÇAIS

FAITES

A LA SOCIÉTÉ DES SCIENCES MORALES

LE 5 JUILLET ET LE 17 AOUT

PAR

M. A. LEFAIVRE

Consul de France à Riga (Russie).

VERSAILLES

BERNARD, LIBRAIRE-ÉDITEUR

9, RUE SATORY, 9

1874

CONFÉRENCE

SUR LE

CANADA FRANÇAIS

Faite à la Société des Sciences morales, le 3 juillet

PHYSIONOMIE — HISTOIRE — AVENIR DU PAYS

Mesdames, Messieurs,

Les Etats-Unis ont été, dans ce siècle, l'objet de travaux considérables dans les diverses branches de notre littérature. Des hommes éminents, comme M. de Tocqueville, M. Ampère, ont franchi l'Océan, afin d'étudier sur place cette civilisation nouvelle, déjà rivale de la nôtre. D'autres, tels que MM. E. Laboulaye, dans le silence de leur cabinet, en ont fait l'histoire, analysé les secrets ressorts, popularisé les héros, et, pour rehausser encore la peinture, ont ajouté aux réalités toutes les richesses de leur fantaisie. Le Canada n'a jamais obtenu chez nous de pareilles faveurs. Peu de Français l'ont visité depuis le siècle dernier ; et, dans notre littérature, il est à peu près inconnu. Pour le public français, pris en masse, c'est à peine un souvenir historique, souvenir pénible, peut-être même importun. Il y a là cependant un peuple qui, détaché depuis cent douze ans du tronc national, a conservé religieusement notre langue, nos lois, nos traditions et le culte de la mère-patrie. Il n'a pas eu, comme ses voisins du Sud, l'épée de Lafayette, ni l'armée de Rochambeau, pour s'affranchir de la domination anglaise, mais il s'est maintenu ferme et inébranlable dans les épreuves les plus douloureuses, et, sans aucun secours du dehors, a reconquis pied à pied son autonomie. Epave oubliée de la race française, il a jeté sur le sol américain de profondes racines et répandu ses rejetons vivaces de l'Atlantique aux montagnes Rocheuses. Depuis longtemps ses progrès sont observés, non sans jalousie, par la race anglo-saxonne, qu'inquiète sa force d'expansion. Pourquoi sommes-nous les seuls à les ignorer? Pourquoi cette nation, sœur de la nôtre, est-elle inconnue, étrangère chez nous, à peu près exclue de nos archives nationales?

Telles étaient mes réflexions, il y a deux ans, lorsqu'après une visite aux Etats-Unis, je me trouvai sur les bords du Niagara, dans ce pays découvert par nos ancêtres, illustré par leurs exploits, qui, pendant près de deux cents ans s'était appelé Nouvelle-France. J'avais vu ces magnifiques cités de l'Ouest : Louisville, Cincinnati, Chicago, Cléveland, Buffalo, etc., toutes nées d'hier, et déjà supérieures en population et en importance aux plus grandes villes de l'Europe. Admirateur sincère de cet enfantement prodigieux, orgueil des races germaniques, j'éprouvais une profonde tristesse en songeant qu'à cette œuvre grandiose la France ne pouvait plus prétendre aucune part. Seul dans le Nouveau-Monde, le Bas-Canada gardait encore l'empreinte de notre génie. Trouverais-je dans cette région perdue, dans ces « quelques arpents de neige (1), » un dédommagement aux mortifications qu'avait éprouvées, dans tout le continent, mon patriotisme? C'est ce que je voulus savoir, et je m'embarquai sur un bateau à vapeur pour Montréal et Québec.

Quelques heures après, je débarquais à Toronto, ca-

(1) Expression de Voltaire.

pitale du Canada anglais, située sur le lac Ontario. Cette ville, fondée en 1801 par le gouvernement Anglais, contient aujourd'hui 70,000 âmes. Affairée, suffisamment prospère, sa physionomie est celle des villes américaines qui sont sur la rive opposée. Les édifices à proportions monumentales n'y manquent pas ; mais le style en est lourd et sans caractère. Le touriste européen voit avec stupeur cette profusion d'ogives et de tourelles féodales, dans une ville éclose au xixᵉ siècle, ces flèches ambitieuses s'élevant, comme les cous de reptiles antédiluviens, au-dessus de masses écrasées. Plus agréable est la vue sur une magnifique terrasse, d'où l'œil embrasse tout le lac et la sortie du fleuve Saint-Laurent, dans un lointain horizon. Ici, comme presque partout, l'art américain se juxtapose assez gauchement aux perspectives qui l'encadrent. On dirait qu'il n'en a pas encore la compréhension.

Je me rembarquai, le jour même, sur le steamer en partance, et passai la soirée à contempler les beautés sévères du Saint-Laurent et de la nature canadienne. Les deux rives sont bordées de sapins. Du sein du fleuve s'élève une succession d'îles « les *Mille-Isles* » hérissées de rochers ou couvertes de forêts, affectant les formes les plus variées et donnant aux nappes d'eau qui les divisent les aspects les plus pittoresques.

A quelque distance avant Montréal, on traverse, non sans émotion, ces fameux *Sauts* ou *Rapides*, où les navires restent pendant deux ou trois secondes suspendus au-dessus du vide. Ces chutes d'eau constituent un grand obstacle à la navigation du Saint-Laurent, de Montréal au lac Ontario. Jadis, les navires étaient mis à sec et portés, soit à dos d'hommes, soit sur des tombereaux, pendant l'espace de deux ou trois lieues. Nos ancêtres avaient baptisé ces interruptions du nom de *portages*. De nos jours, une série de canaux a été construite, latéralement au fleuve, entre Montréal et Kingston (à l'embouchure du lac Ontario), pour l'évitement des Rapides. Ces canaux sont fréquentés à la remonte et profonds de 20 mètres à la descente, par une multitude de navires à voiles, venant d'Europe, de Québec ou de Montréal, et se dirigeant vers les Lacs. Les vapeurs sont également obligés de les prendre pour la remonte. A la descente, ils affrontent résolûment les Rapides, et cette opération, toujours difficile, souvent dangereuse, semble offrir à la *furia* américaine un attrait tout particulier. Sur le steamer où je me trouvais, la barre du gouvernail était tenue par un pilote indien, nommé Baptiste, qui s'est rendu célèbre par son adresse, son sang-froid, la précision de tous ses mouvements. La moindre déviation peut être fatale, et nous eûmes la preuve de cette imminence dans un steamer qui gisait sur les rochers, au Rapide du Long-Sault, sur lequel il s'était brisé. Cette mise en scène eût terrifié des Européens. Les passagers de notre steamer y firent à peine attention.

Montréal est une ville de 130 à 140 mille âmes, admirablement située, à l'embouchure de la rivière Ottawa, sur la rive gauche du fleuve Saint-Laurent. C'est le principal siége du commerce entre les Deux-Canadas et le Nord des Etats-Unis. Comme aspect, Montréal est une des rares cités dans le Nouveau-Monde qui présentent une certaine grandeur. On n'y sent point, comme à Chicago, à Cincinnati, l'improvisation fiévreuse et souvent vulgaire, élevant au hasard des masses informes, afin d'affirmer au monde sa puissance; la configuration des rues, la forme des édifices privés et publics, tout y porte l'empreinte d'une société plus ancienne et par conséquent mieux assise. Là, du moins, l'esprit peut s'arracher, pendant quelques moments, aux contemplations prosaïques; il retrouve quelque sérénité en évoquant des souvenirs illustres, en déchiffrant sur la pierre quelques pages d'histoire. Trois siècles ont déposé là leurs marques successives.

Une moitié de la ville est devenue anglaise par une série d'immigrations britanniques, mais la physionomie française n'en subsiste pas moins, très-accentuée, dans les quartiers anciens, qui sont les plus animés. Une des grandes artères s'appelle la rue Jacques-Cartier. Croirait-on que ce nom importuna longtemps la colonie anglaise, et que l'autorité, par une faiblesse puérile, en décréta un jour la suppression? Mais une protestation formidable s'éleva parmi les Canadiens Français, qui menacèrent de se porter en masse à la statue de Nelson et de la démolir. Devant cette attitude, le gouvernement anglais s'abstint prudemment d'engager une guerre ridicule, et laissa la rue sous le patronage de Cartier.

De Montréal à Québec, on descend le Saint-Laurent sur de magnifiques bateaux à vapeur, construits tout récemment par une Compagnie canadienne-française, qui porte le nom de Richelieu.

Sur les deux rives fermées par une double ceinture de montagnes, se déroule un panorama de villes, de bourgs et de gros villages dont l'aspect dénote la prospérité. C'est là le Bas-Canada proprement dit. La langue française y règne sans partage et tous les efforts tentés par les Anglais pour y substituer leur idiôme ont complétement échoué. Le type français s'est maintenu intact, indélébile ; il a même absorbé presque partout les colons anglais, écossais, irlandais, envoyés par le Cabinet de Londres pour infiltrer au Canada la langue et le caractère Britanniques.

Une combinaison savante avait disposé ces groupes d'immigrants en cordon autour de la population française pour l'enserrer et pour en comprimer le développement. Vain effort ! L'élément français a disjoint et brisé partout cette muraille, francisant sur son passage les pionniers de l'assimilation Britannique. Aujourd'hui le Bas-Canada est rempli de Warren, de Mac-Neil, Blackburn, Harvey etc., fondus dans la masse franco-canadienne, et n'ayant plus de leur idiôme originaire le moindre souvenir. C'est que le Canada français possède une force virtuelle qui défie tous les calculs de la politique, à savoir la faculté de multiplier partout sa population. A l'époque de la conquête anglaise, les Canadiens étaient au nombre de 65 à 70 mille âmes. A partir de cette époque, l'émigration française, déjà très-faible antérieurement, s'arrêta. Beaucoup de familles, nobles pour la plupart, retournèrent en France. Cependant, en 1791, les Franco-Canadiens étaient déjà près de 150 mille. Ils avaient doublé en moins de trente ans. La même progression s'est reproduite jusqu'à nos jours avec une continuité remarquable. En 1850, les statistiques anglaises portent la population franco-canadienne à 700 mille âmes, en 1860, à près d'un million. Elle est aujourd'hui de 1200 mille âmes, non compris les nombreux rameaux qu'elle a projetés dans le Haut-Canada, le Nouveau-Brunswick, aux environs du Détroit, près du lac Saint-Clair, et dans de nombreux districts des Etats-Unis. La masse totale est évaluée aujourd'hui, pour tout le nord de l'Amérique à 1600 ou 1700 mille âmes. Ainsi ce groupe s'est plus que vingtuplé en cent douze ans, sans aucun affluent du dehors. C'est un fait sans analogue dans la société moderne et peut-être sans précédent dans l'histoire.

Les causes de ce progrès merveilleux sont la salubrité du climat, la simplicité des mœurs, et, par-dessus tout, l'étonnante fécondité des mariages. Rien de plus ordinaire au Canada qu'une famille comptant douze, quinze et même vingt enfants. Quand le chiffre s'élève à vingt-quatre, le père a le droit de faire nourrir son dernier-né par la fabrique paroissiale ou par le curé. L'origine de cet usage mérite d'être mentionnée. Le clergé canadien n'est point rétribué par l'Etat. Il vit de prélèvements sur la récolte, et perçoit notamment un grain de blé sur vingt-quatre, proportion assez belle pour lui constituer presque partout, une situation fort enviable. Par réciprocité envers les familles, l'église s'engage à nourrir un enfant sur vingt-quatre sortant du même lit. L'obligation n'entraîne pas pour elle, je crois, de conséquences bien ruineuses. Cependant l'application pour elle s'en présente parfois, et pendant mon séjour à Montréal, on m'en a cité deux exemples.

Ce développement, conforme aux préceptes de l'Evangile aurait dû plaire aux Anglais si zélés pour l'Ecriture Sainte. Eh bien! non. Rien ne les froissait davantage

que de voir la race française se multiplier sur une terre
à laquelle ils avaient décerné le nom de Nouvelle-Bre-
tagne. Nulle part sans doute ils n'auraient prêché plus
volontiers les théories de Malthus. Plus d'une fois, on vit
leurs journaux et leurs fonctionnaires s'indigner, en
bons patriotes, de la liberté que prenait cette « tribu
étrangère » de peupler les bords du Saint-Laurent sans
leur permission. Impuissants à restreindre le mal, ils
voulurent du moins le neutraliser ; de là leur obstination
à noyer l'élément français dans l'immigration Britannique. Leurs tentatives sur le Saint-Laurent, n'ayant
pas réussi, ils en changèrent le cours et pendant cinquante ans ils le dirigèrent sur la rive septentrionale
des lacs Ontario, Erié et Supérieur des colons anglais
par centaines de mille. Ces établissements, protégés et
dotés par le Gouvernement anglais prirent de bonne
heure une grande extension. Ils forment aujourd'hui le
Haut-Canada, province admirablement riche qui compte
plus de 1,350,000 âmes. Mais de cette transplantation si
laborieuse, la politique anglaise retira peu de fruits. Une
fois sur le sol américain, ces colons d'origine anglaise
se sont trouvés bien vite en conformité de sentiments
et d'aspirations avec leurs voisins des États-Unis. Ils ont
perdu le souvenir de leur patrie d'origine, et c'est chez
eux que les idées d'annexion à la République Américaine ont recruté le plus de sympathies. Mais reprenons
notre excursion sur le Saint-Laurent.

En arrivant à Québec, après un trajet de douze heures, on se trouve en face d'une rade imposante et sans
égale peut-être dans le monde, à part celles de New-
York et de Constantinople. De hautes montagnes, bien
boisées s'élèvent sur les deux rives, en amphithéâtre.
Le fleuve, large d'une demi-lieue forme plusieurs an-
ses qui, s'avançant dans les terres, lui donnent l'aspect
d'un lac ou d'un bras de mer, en vue duquel se dresse
une forêt de mâts, car le port, à cent-vingt lieues de la
mer, peut recevoir des navires du plus fort tonnage et
contenir à la fois cent vaisseaux de guerre. Au nord,
le long du faubourg Saint-Jean est une baie consacrée

aux constructions maritimes industrie longtemps florissante à Québec, mais tombée en décadence depuis que la navigation à voiles est détrônée par les steamers.

La ville s'élève en gradins sur la rive gauche, dominée par la citadelle, siége du gouverneur, et surnommée par les Anglais, le Gibraltar américain. Cette forteresse avait été commencée, sous la domination française, par nos ingénieurs. Mais elle n'était pas encore terminée quand l'armée anglaise en fit le siége, en 1759. Cependant Montcalm avec 3,000 hommes de troupes régulières et 4 ou 5 mille Canadiens, arrêta pendant trois mois l'armée assaillante, forte de 30,000 hommes et soutenue par une artillerie et par une flotte formidables. Malheureusement, il perdit la vie dans une bataille livrée, peut-être avec trop de fougue, dans les plaines d'Abraham, et la garnison démoralisée par sa mort, se rendit quelques jours après.

Malgré cette catastrophe, les débris de l'armée française, joints aux milices canadiennes, et commandés par le chevalier de Lévis, tinrent encore la campagne pendant une année entière, battirent les Anglais sous les murs de Québec et les rejetèrent dans la ville. Ils allaient même la reprendre, et le commandant anglais, sir Murray, se préparait à capituler, quand une flotte anglaise parut à l'horizon. Le destin ennemi l'emportait. L'armée française dut se replier sur Montréal ; quelques mois après, elle disparut de l'Amérique, où sa constance, ses victoires même n'avaient pu désarmer la mauvaise fortune.

Les Anglais s'empressèrent, après leur conquête, d'achever les fortifications de la citadelle. Ils venaient de compléter ce travail, quand éclata la guerre des Colonies anglaises contre leur métropole en 1785. Quelques mois après, Québec fut assiégé par les généraux insurgés, Arnold et Montgoméry. Mais les ouvrages ne pouvaient plus être enlevés par surprise, et tous les efforts des Américains échouèrent devant la solidité des murailles. A partir de ce moment, Québec devint la principale place d'armes des Anglais dans l'Amérique du Nord et le pivot de toutes leurs opérations militaires contre les Etats-Unis.

Les monuments de la ville sont rares, mais ils se distinguent du moins par la sobriété de leur style et par l'absence de faux goût. Les principaux sont : la Cathédrale, bâtie sous la domination française, le couvent des Ursulines, où se trouve le tombeau de Montcalm, le siége du Parlement, enfin, et principalement l'Université. Quelques détails sur ce dernier établissement ne seront pas, j'espère, privés d'intérêt.

L'Université de Québec fut fondée en 1680 par Mgr Montmorency de Laval, premier évêque de Québec. Dotée généreusement dès son origine, elle s'est toujours enrichie depuis, tant par les donations de particuliers que par une administration sage ; ainsi pourvue, l'Université Laval a pu traverser avec indépendance les époques les plus difficiles de la domination étrangère. Elle aurait eu tort en effet de compter sur l'assistance gouvernementale. Son existence même était vue de mauvais œil par les fauteurs d'assimilation britannique. On lui reprochait de maintenir au Canada l'esprit et les traditions françaises, de perpétuer des souvenirs et des idées hostiles à la Grande-Bretagne. Plusieurs fois des efforts furent faits à Londres auprès des ministres et du parlement pour la dépouiller de ses biens, sous prétexte que la Constitution anglaise interdisait les possessions foncières aux «communautés dissidentes.» Mais le Cabinet de Londres résista toujours à ces suggestions. Il laissa l'Université Laval jouir de ses grands domaines et n'exerça jamais la moindre surveillance sur son administration, ni même (tolérance bien remarquable) sur son enseignement. La tentation devait être grande cependant pour les conquérants d'agir, au moyen des études et de l'éducation supérieures sur ses sujets *annexés*. Quel moyen plus sûr, pour pétrir les esprits et les caractères, pour identifier le Canada avec le reste du royaume ? Le respect, pour la liberté intellectuelle l'emporta. Réserve bien rare et bien méritoire, dont l'Université canadienne se montra toujours digne par sa loyauté.

L'Académie Laval a conservé religieusement les règles et les procédés pédagogiques de nos anciennes universités. L'esprit de Rollin vit en elle, et, sans dédaigner les innovations d'une utilité pratique, c'est aux facultés les plus élevées qu'elle s'adresse, ce sont les mâles conceptions, les pensées hautes, les sentiments profonds et généreux qu'elle cherche à développer. La force de ces études, l'excellence des résultats qu'elles produisent sont aujourd'hui proclamées dans toute l'Amérique du Nord. Vainement les Anglais, dans un esprit d'émulation honorable, ont-ils fondé à grands frais, des établissements rivaux à Montréal et à Toronto. Ces colléges végètent, étrangers à la haute culture, simples préparations à la vie industrielle ou commerciale, tandis que la jeunesse studieuse afflue à Québec, pour se livrer aux travaux désintéressés de l'intelligence. L'Académie n'est pas fréquentée exclusivement par des étudiants d'origine française. Le Canada compte aujourd'hui 846 mille Irlandais, presque tous catholiques ; pour cette nombreuse population, comme pour les Franco-Canadiens, le centre intellectuel est Québec, aussi tend-elle visiblement à se franciser. Enfin, on y compte plusieurs jeunes gens des Etats-Unis, ce qui n'a rien d'étonnant, car la République américaine ne peut opposer à l'Université canadienne qu'un seul établissement, la fameuse Université Harward, de Boston.

L'Académie Laval cultive avec succès les sciences ; elle a gradué des mathématiciens, des naturalistes et des médecins d'une valeur sérieuse ; elle contient des laboratoires et des cabinets de physique très-richement pourvus. Les collections d'histoire naturelle, très-variées, très-originales, y fournissent sur la faune et sur la flore du Canada des indications fort précieuses. Mais la gloire de l'Université réside principalement dans les lettres. C'est par ses soins et son influence que la langue française s'est conservée au Canada dans sa pureté primitive, ainsi que le culte assidu de nos bons auteurs ;

c'est par elle que les professions libérales se sont maintenues à certaine hauteur et sont demeurées l'élite de
la société. Dans mon séjour au Canada, j'ai rencontré
bon nombre d'hommes appartenant à ces professions.
Tous avaient l'esprit orné, beaucoup de lecture et parlaient avec une facilité remarquable. Leur tour d'esprit,
leur caractère, une certaine finesse normande les
prédisposent merveilleusement à la vie politique. Aussi
leur éducation parlementaire s'est-elle faite vite et très
aisément. On les voit dans toutes les joutes oratoires,
dans les *meetings* électoraux, dans les parlements, au
congrès d'Ottawa déployer une habileté, un sang-froid,
une verve goguenarde qui dépite visiblement leurs partners anglais et dont ceux-ci ont encore la naïveté
de paraître surpris.

La littérature proprement dite a toujours été cultivée
avec amour par les Canadiens, et l'on peut affirmer sans
crainte que, comme aptitude, comme goût esthétique,
cette population offre un contraste frappant avec toutes
celles qui l'entourent. La poésie compte une nombreuse
pléïade d'adeptes fervents, dont plusieurs, MM. Casgrain, Fréchette, Crémazie, Fiset, etc., ont conquis certaine renommée. Les productions de ces poètes sont
généralement descriptives. L'un d'eux, M. Fiset, a célébré le fleuve Saint-Laurent, dans un poème appelé
Laurentiennes, qui contient d'assez beaux passages et
qui par le coloris, la pompe des images, l'enthousiasme
parfois artificiel, s'inspire assez heureusement de notre
école romantique : J'en citerai un échantillon :

> Bien loin de ses gourbis, sous l'ombre des platanes,
> L'Arabe au blanc burnous qui suit les caravanes,
>   Sur les sables errant,
> Découvre moins joyeux son oasis humide,
> Que les Canadiens, sous la saison torride,
>   Leur fleuve Saint-Laurent :
> A nous ses champs d'azur et ses fraîches retraites,
> Ses îlots couronnés de mouvantes aigrettes,
>   Ses monts audacieux,

Les arômes piquants que la mer y dépose
Et son grand horizon où *votre œil se repose*
Comme l'étoile aux cieux.

Un autre, M. Fréchette a chanté le chemin de fer qui longe le Saint-Laurent et se dirige par Québec, Montréal et Toronto, vers l'extrémité du lac Supérieur. Le chemin de fer s'appelant le Grand-Tronc, le poème s'est appelé Grand-Tronciade :
En voici le début :

O Rivière du Loup, tu peux t'enorgueillir;
De ton sein le Grand-Tronc, comme un géant s'élance,
D'un bond, il a franchi l'effrayante distance,
A travers les grands bois, jusqu'au vieil Océan, etc.

Plusieurs cultivent avec succès l'ode, l'élégie et toutes les variations du poème lyrique. On trouve chez eux de l'harmonie, de l'élégance, une grande fraîcheur d'impressions; mais leurs allures sont un peu trop naïvement provinciales. Ce sont des imitations plus ou moins réussies de Lamartine, de Victor Hugo ou d'Alfred de Musset. Mais jusqu'à présent leurs productions n'ont pas une portée bien haute; on ne doit les envisager que comme des essais.

La muse canadienne est plus à son aise, plus originale dans le poème comique et dans la chanson. Un notaire, nommé Martin a composé récemment une imitation assez plaisante du Lutrin, intitulée la *Charliboyade*. Quant aux chansons, elles ont un goût de terroir tout particulier; et reproduisent la vieille gaieté française dans toute sa verdeur. Chaque famille, dans les villages, et dans les fermes les plus isolées, en possède un répertoire. Chaque Canadien en assaisonne sa conversation. Partout la gaieté règne dans les esprits, comme la pureté dans les mœurs, la sérénité dans les caractères.

En prose, plusieurs écrivains ont essayé du roman, mais avec un succès fort médiocre. Au Canada, comme dans les Etats-Unis (sauf d'importantes réserves), l'esprit littéraire ne semble pas encore entré dans la période inventive. On imite l'Europe, on suit pas à pas ses évolutions, mais on n'ose pas créer de son fond, ni voler de ses propres ailes. Comme aux Etats-Unis, l'imagination, la fantaisie ont moins de ressort que les facultés moyennes de l'esprit. Ainsi l'histoire et l'archéologie ont produit déjà plus d'un ouvrage remarquable. Un des meilleurs, est le cours d'histoire du Canada en 3 volumes, par l'abbé Ferland, professeur à l'académie de Québec, qui discute et met en lumière beaucoup de points obscurs dans les antiquités Indiennes et dans la géographie locale. Diverses plumes, plus ou moins exercées, ont écrit les annales des ordres religieux. Mais le plus beau travail dans ce genre est l'Histoire du Canada par Garneau, véritable monument élevé par le patriotisme aux gloires Canadiennes. L'ouvrage contient trois volumes. Dans le premier, l'auteur retrace à grands traits, d'après Champlain et Charlevoix, les voyages de J. Cartier, de Chabot, de Roberval, les premiers établissements fondés par Henri IV et par Richelieu, leurs luttes avec les sauvages, les découvertes des jésuites dans l'Ouest, l'essor donné à la colonisation par Colbert. Le style s'élève et devient pathétique, dans le second volume, en relatant la longue lutte du Canada français contre l'Angleterre, les exploits des Frontenac, des Subercase et des frères d'Iberville, dont le second, un Canadien, devint chef d'escadre sous Louis XIV ; puis les prodiges accomplis par le marquis de Montcalm, « cet autre Annibal », abandonné dans ses victoires par Louis XV, comme le vainqueur de Cannes par Carthage ; enfin l'héroïsme de cette population Canadienne, qui, délaissée par le gouvernement de la France, combattit, pendant six ans, avec une énergie désespérée, pour rester française. La rupture du lien national, l'horrible épreuve de la conquête étrangère sont décrites avec une émotion poignante, mais avec un viril courage, douloureuses peintures qui réveillent, dans les cœurs français, de récents et cruels souvenirs. Mais le troisième volume, nous ouvre une

perspective inattendue et bien consolante. C'est celle
d'un peuple conquis, oublié de tous l'univers, et néan-
moins inébranlable dans le malheur, gardant confiance
dans sa destinée, et se relevant au rang des nations
libres par la seule force de son caractère. Tel est l'ouvrage de Garneau, riche de documents et de matériaux
inédits, plein d'intérêt pour notre histoire nationale.
MM. Henri Martin et Dussieu, dont la compétence ne
saurait être contestée en pareille matière, l'ont cité
maintes fois comme autorité. Le temps n'est pas loin, je
l'espère, où d'autres livres canadiens franchiront l'Océan
Atlantique et viendront réclamer une place honorable
dans notre littérature ainsi que dans nos bibliothèques.

Dans le tableau que je viens d'esquisser, un côté
digne d'attention est l'influence exercée par le clergé
catholique sur la vie intellectuelle et sur le développement littéraire du pays. L'Université Laval est gouvernée
par des prêtres. Qui pourrait cependant en contester
l'esprit libéral ou le caractère bienfaisant ? Il a été heureux pour elle d'être dirigée, pendant plus d'un siècle,
par une succession d'hommes sages, imposant le respect à leurs adversaires, évitant avec tact les polémi-
ques irritantes et se maintenant dans une sphère sereine,
en dehors des agitations. Cette sagesse, cette dignité
d'attitude, ce sentiment de la juste mesure sont communs
à tout le clergé canadien, et forment son caractère dis-
tinctif. Son zèle n'est point déclamateur ; et, peu sou-
cieux des joûtes théologiques, il laisse les épiscopaux
et les presbytériens, ses voisins, fulminer à leur aise
contre le papisme. Mais on trouve chez lui l'abondance
de cœur, l'abnégation inconsciente, une simplicité pa-
triarcale, enfin la pratique de toutes les vertus chré-
tiennes rehaussées par une bonne humeur et par une
pointe d'esprit gaulois pleine de charmes. Il n'est pas
de clergé mieux équilibré, ni plus respectable. Son influence sur les populations est immense. Son indépendance, vis-à-vis du pouvoir laïque est complète. Les
prêtres catholiques, suivant la loi anglaise, ne reçoivent
rien de l'État, mais les communes pourvoient largement

à leur entretien. Les curés, comme je l'ai dit plus haut, reçoivent directement de leurs paroissiens la dîme en nature, et vivent de ces redevances volontaires, avec une grande dignité. Les évêchés ont de grands biens qu'ils administrent sans contrôle. Quant aux congrégations religieuses, elles ont été longtemps de vraies seigneuries, vivant de redevances et de tenures féodales. Des lois fort sages, votées dans ce siècle, ont affranchi les tenanciers, tout en respectant les droits des propriétaires. Plusieurs de ces congrégations sont très-riches ; et font de leur opulence l'usage le plus noble, en contribuant de toutes leurs forces aux œuvres charitables, au développement de l'instruction et du christianisme. La plus fameuse de ces communautés, est l'œuvre des missions étrangères, qui, depuis deux siècles, envoie des apôtres, souvent des martyrs à toute l'Amérique du Nord.

Une revue de Boston, l'*Atlantic Monthly* a publié récemment une série d'articles d'un haut intérêt pour mettre en lumière le grand rôle joué par les religieux français dans l'Amérique du Nord, pendant les XVII° et XVIII° siècles, leur courage, leur politique généreuse, leurs voyages audacieux dans le Far-West, enfin l'affection touchante qu'ils avaient inspirée à toutes les peuplades indigènes. Il y a là toute une succession d'actes et d'aventures héroïques, infiniment plus glorieuse que les conquêtes de Pizarre et de Fernand Cortés, que la France ne s'est jamais donné la peine de connaître et pour lesquels l'Amérique anglo-saxonne prépare une place d'honneur dans son Panthéon. Eh bien ! cette œuvre exclusivement française se continue de nos jours. Les missionnaires canadiens forment comme autrefois toute une armée de pionniers intrépides, dont les opérations et la stratégie savante embrassent tout le nouveau continent. Excellents géographes, ils ont des cartes des forêts les plus impénétrables, connaissent le cours exact des rivières, leurs sinuosités, la distribution des montagnes. Ils sont chez eux, dans les endroits les plus écartés, dans les plus affreuses solitudes. Pour le prouver, je puise dans mes souvenirs personnels un trait caractéristique.

Il y a quelques mois, je rencontrai à New-York un de mes anciens camarades, homme de mérite que des malheurs domestiques avaient conduit à s'expatrier. Il avait trouvé de l'emploi comme ingénieur dans une construction de chemin de fer entre Saint-Paul et l'extrémité du lac Supérieur, près des sources du Mississipi. Un jour absorbé dans un calcul, il perd de vue ses compagnons et se trouve seul dans une forêt obstruée de tous côtés par d'immenses lianes. Il erre pendant trois jours dans ce dédale sans trouver une issue, sans découvrir une seule créature humaine. A la troisième nuit, mourant de faim et désespéré, il allait prendre son révolver et se brûler la cervelle pour terminer d'un coup ses tortures, lorsqu'il aperçut la lueur d'un feu allumé par une famille de Peaux-Rouges. Etaient-ce des Sioux, des Chippaways, des Assiniboines ou des Mendanes aux pieds noirs ? Mon ami, ne m'a pas renseigné sur ce point. En tous cas, c'étaient des membres d'une de ces tribus que les Anglo-Saxons poussent devant eux, comme des bêtes fauves, à mesure qu'ils colonisent et qui nourrissent contre les visages pâles une haine implacable. Mais le malheureux n'avait que le choix entre une mort certaine et les risques de cette rencontre. Il aborda les sauvages en leur parlant anglais. Leur accueil ayant été froid et peu rassurant, il eut l'heureuse idée de leur crier Franki! Franki! (français! français!). Aussitôt leurs physionomies prirent une expression amicale. Ils partagèrent leurs provisions avec l'étranger et le conduisirent auprès d'un missionnaire canadien qui résidait à quarante ou cinquante lieues de distance et qui, par son autorité, par le respect qu'il inspirait à ces peuplades, paraissait le chef suprême de toute la tribu. On se figure facilement quelle fut la joie de ce missionnaire en trouvant l'occasion d'exercer sa charité sur un enfant de la famille française. Quelques jours après, une escorte d'honneur reconduisait l'ingénieur égaré au fort Garry, sur la frontière du Haut-Canada.

On voit, par cette aventure, quelle est l'influence des pères canadiens auprès des sauvages. Eux seuls ont su gagner le cœur de ces populations exaspérées par la politique inhumaine des Anglo-Saxons. Eux seuls leur ont montré l'Europe sous une figure fraternelle et grâce à leur dévouement admirable, le nom français est encore, à l'heure actuelle, chéri et vénéré par toutes ces tribus. Aussi quel contraste ! Dans toute l'étendue des Etats-Unis, les Peaux-Rouges sont traqués et parqués comme des animaux malfaisants. Ils vivent dans la paresse ou le brigandage, se sentant voués à l'extermination, s'attribuant le droit de pillage et d'assassinat sur les blancs, à titre de représailles. Au Canada, les Indiens oublient leur barbarie originelle et s'associent aux travaux, aux intérêts de la société. Près de Québec on trouve quatre villages iroquois, occupés par une population douce et laborieuse, parlant le français, et supérieure à bien des districts d'Europe par les mœurs, l'industrie et l'éducation. Plusieurs de ces Indiens abordent aujourd'hui les professions libérales. Quelques-uns ont embrassé le sacerdoce et l'exercent avec honneur dans les paroisses canadiennes ou dans les missions. Enfin, à l'ouest, entre la baie d'Hudson et les montagnes rocheuses, se développe toute une nouvelle race, celle des métis ou Bois-Brûlés, que les Anglais appellent *half-bred*, produit de l'union entre les franco-canadiens et les indigènes, race jeune, vigoureuse et pleine d'avenir. Tous ces résultats grandioses, sont l'œuvre des missionnaires canadiens. — Quels capitaines pourront jamais invoquer devant l'histoire, de pareilles conquêtes?

Telle est l'Église canadienne : complètement émancipée de l'Etat, n'empruntant rien à la puissance séculière, elle tient une place éminemment glorieuse dans le Nouveau-Monde et répand ses bienfaits du Saint-Laurent jusqu'au Pacifique.

Mais l'heure s'avance, j'ai hâte de pousser mon excursion jusqu'à l'Océan Atlantique. — Après Québec, le Saint-Laurent s'élargit et devient un véritable bras de mer. Sur la rive gauche, en aval, on distingue, surmontée par une forêt de sapins, une magnifique cataracte, appelée le Saut-de-Montmorency, qui se précipite d'une hauteur de 250 pieds. Ce fut là que s'établit l'armée anglaise du général Wolffe en 1759, et que les savantes manœuvres de Montcalm la tinrent pendant plus de deux mois en échec. En descendant le cours du fleuve, on longe l'île d'Orléans, de quatorze lieues de tour, couverte de villages et de belles cultures ; on découvre ensuite la petite ville de Saint-Thomas, dont un poète canadien décrit ainsi les mérites :

> Saint-Thomas, beau, splendide et populeux village,
> Fameux par sa rivière au sinueux rivage !
> C'est là qu'ont vu le jour de grands cultivateurs,
> D'illustres députés, d'éloquents orateurs ;
> Létourneau, les Couillard, les Perreault, les Bourdages,
> Et puis un nombre encor de dignes personnages ;
> Les Têtu, pléïade en ce noble pays,
> Ont trouvé leur berceau près de ces bords fleuris.

Plus loin est le riche bourg de l'Islet, qu'un de ses enfants, M. Casgrain, a célébré dans ces termes :

> ... L'Islet est l'orgueil de nos Laurentiennes,
> La perle, le joyau des plages canadiennes.
>
> . . . .
> Je t'aime cent fois plus que la belle Italie !
> Ah ! oui, j'aime le frais de tes bois verdoyants,
> La senteur de tes prés, tes ruisseaux murmurants,
> Ton village coquet que baigne le grand fleuve,
> Et tes trois vieux clochers, et ta chapelle neuve ! etc.

Tout inspire M. Casgrain dans sa ville natale, jusqu'au buffet de la gare du chemin de fer :

> C'est là que voyageurs, altérés, affamés,
> Vont voir *tous leurs besoins* satisfaits et calmés.
> Les Dieux hospitaliers, dans ce vaste édifice,
> Offrent aux yeux ravis une table propice,
> Où des mets froids et chauds, savamment agencés,
> Seront pour notre argent noblement dispensés.
> Tandis que tout auprès, à deux pas en arrière,
> Les mêmes Dieux amis vous verseront la bière.

Plus bas se déroulent Kamouraska, Cacouna, la Rivière-du-Loup, Tadousac, dont les sites pittoresques attirent les touristes de toute l'Amérique. C'est à Tadousac que débarqua pour la première fois Jacques Cartier en 1535. Champlain y bâtit une chapelle, dont on voit encore les ruines. La ville est située au-dessus du Saint-Laurent et du fleuve Saguenay, comme un nid d'aigle sur des rochers de granit.

Tadousac était le principal entrepôt des fourrures sous la domination française. Aujourd'hui, ce commerce s'est déplacé et s'exerce principalement sur le territoire du Nord-Ouest. Il est entre les mains d'une Compagnie constituée sous Louis XIV, et qui fut longtemps souveraine des immenses régions situées entre les montagnes Rocheuses et la baie d'Hudson. Depuis quelques années, cette Compagnie a fait remise de son droit à la Couronne d'Angleterre ; ses territoires font partie de la Confédération canadienne, sous le nom de province de Manitoba. Quant à la chasse aux fourrures, industrie créée par les premiers colons, elle est encore entre les mains de Franco-Canadiens et de métis, issus de mariages entre les deux races. Ces chasseurs mènent une vie très-rude ; passant l'hiver à l'affût des bêtes fauves et parcourant d'immenses solitudes par des froids de 30 et 40 degrés au-dessous de zéro, sur une neige réduite en poussière et qui couvre le sol à plusieurs pieds de profondeur. Ils poursuivent le bison, l'ours noir, l'ours blanc, les renards argenté, noir, blanc, bleu, rouge, la zibeline, le blaireau, le rat musqué, etc., dont ils vendent ensuite les peaux aux facteurs de la Compagnie.

Malheureusement pour cette population énergique, le gibier tend à disparaître dans beaucoup de districts, parce que, pour échapper à ses persécuteurs, il se retire vers le Nord. Ainsi, la peau du renard argenté, qui se vendait 7 ou 800 fr. il y a quelques années, se vend aujourd'hui 75 livres sterling, c'est-à-dire plus de 1,800 fr. Et puis, les chasseurs sont attaqués dans leur industrie par un concurrent terrible, à savoir par un

animal moitié loup, moitié ours, appartenant à la famille des gloutons, que les Anglais appellent *wolverine*
et les Indiens karkajo. Cet animal suit les trappeurs sans
jamais se laisser apercevoir par eux. Il les regarde po-
ser leurs piéges, attend que la proie s'y soit prise et
s'en empare pendant leur absence.

« Le chasseur, dit M. de Lasteyrie (1), a beau lui
» préparer des surprises mortelles, cacher des ressorts
» ou des canons de fusil, qui doivent partir dès qu'on
» remuera les trappes, le karkajo écarte le ressort
» ou le canon du fusil avant de toucher à la trappe. Il a
» suivi le chasseur, il l'a regardé faire. Dès qu'on re-
» connaît les traces d'un karkajo, tout est dit, il faut
» retourner à la hutte, la saison est perdue. »

Un chasseur anglais ayant introduit de la strychnine
dans les morceaux de viande qui devaient servir d'ap-
pât, s'aperçut, lorsqu'il alla visiter les piéges, que tous
les morceaux empoisonnés avaient été laissés de côté.
De telles conditions sont calamiteuses pour les pauvres
familles qui vivent de la chasse; aussi leur industrie
est-elle en pleine décadence. Heureusement pour elle
et pour le pays, tout pays perdu par la chasse est presque aussitôt conquis par l'agriculture. La colonisation
a déjà fait de très-grands progrès dans tous les districts
du Sud, notamment sur les bords du lac Winnipeg et sur
les rives de la Rivière-Rouge et du Saskatchewan, immense fleuve de 3 ou 400 lieues de parcours. Là se sont
établis un grand nombre de Canadiens français qui,
mêlés aux métis et aux indigènes, se livrent au travail
de la terre et à l'élève des bestiaux. « Le sol est fé-
» cond, dit M. de Lasteyrie, l'ordre parfait, tous pros-
» pèrent dans l'ignorance du luxe et de la misère. La
» seule langue qui se parle, c'est le français ; les chan-
» sons qu'on y chante sont des chansons françaises. »
Ces communautés patriarcales se distinguent par leur
politesse et la douceur du caractère. Les missionnaires
canadiens, comme partout, y jouent un grand rôle. Ce

---

(1) *Revue des Deux-Mondes*, 1er novembre 1867.

sont les organisateurs de la société. Déjà les intérêts sont devenus plus complexes; les centres de population plus considérables. Une ville importante s'est fondée, avec ces éléments, sur les bords du lac de Manitoba, dont elle porte le nom. Manitoba compte déjà près de 15,000 âmes, dont 10,000 Canadiens français et métis. On ne saurait donc trop admirer l'exubérance de cette race franco-canadienne qui pousse dans toutes les directions, tant de branches vivaces et qui s'affirme partout, en face de la race anglo-saxonne, avec une énergie surprenante.

En revenant de cette excursion dans le Far-West, je retrouve en face de Tadousac la ville de Trois-Pistoles, dont le baptême fut célébré, d'après les chroniques locales, par un batelier et un chasseur, de la manière suivante :

En 1700, un pêcheur normand s'établit à l'embouchure d'une rivière qui se jette, en face de Tadousac, dans le Saint-Laurent.

Un jour arrive un chasseur sur la rive opposée :

— Combien pour me traverser? demanda-t-il au pêcheur.

— Trois pistoles, seigneur.

— Quel est le nom de cette rivière?

— Elle n'a pas encore de nom. On la baptisera plus tard.

— Eh bien! nommez-la Trois-Pistoles.

Trois-Pistoles, ville peuplée, centre industrieux, est aujourd'hui la dernière station du chemin de fer du Grand-Tronc, qui parcourt le Haut et le Bas-Canada, et dont le développement embrasse plus de 3,000 kilomètres. Le rêve de tous les Canadiens serait de prolonger cette ligne à travers la vallée de Winnipeg et des montagnes Rocheuses jusqu'au Pacifique. Déjà des études ont été faites par des ingénieurs, des tracés communiqués au public et discutés par la presse. On assure que la ligne projetée sera beaucoup plus courte que le chemin de fer de New-York à San-Francisco, et que, phénomène curieux, peut-être même paradoxal, bien que située plus au Nord, elle sera moins obstruée par la neige pendant les hivers. Mais, pour l'accomplissement de ce dessein, la grande difficulté, c'est l'argent. Du gouvernement anglais, nulle subvention ne peut être espérée, car sa politique, depuis une dizaine d'années, est d'abandonner la colonie à elle-même. Les capitalistes anglais se sont montrés jusqu'à présent assez froids vis à vis du nouveau Nord-Pacifique, et, quant aux capitaux canadiens, quel que soit leur patriotisme, leurs forces ne sont pas encore au niveau d'une telle entreprise. Plus sages, ils restreindraint leur ambition et construiraient la ligne de Manitoba, qui pousserait le Grand-Tronc jusque dans la vallée des montagnes Rocheuses.

C'est en face de Trois-Pistoles que débouche, dans le Saint-Laurent, le fleuve Saguenay, encaissé pendant un cours de trente-cinq lieues entre deux rangées de rochers hauts de 1,800 et de 2,000 pieds. Le Saguenay est une des excursions les plus fréquentées et les plus fashionnables de toute l'Amérique. C'est également un thème fécond pour les poètes canadiens. Sombre Saguenay, dit l'un d'eux :

> Tes gouffres, tes ravins, tes sourdes cavités
> Qui font le désespoir des sondes,
> Régions où jamais un rayon ne descend,
> Tartare sous-marin, où va s'épaississant
> L'obscurité des nuits profondes ! etc., etc.

Le tourisme est moins stérile qu'on ne croit ; il amène généralement à sa suite tout un développement d'industrie. Les bords du Saguenay en sont la preuve éclatante. Déserte et sauvage, il y a quelques années, cette région s'anime et se défriche à vue d'œil, depuis qu'elle est fréquentée par les voyageurs. Des moulins s'établissent sur les cours d'eau. On entend dans le lointain le bruit des scieries. Des navires descendent le fleuve avec des chargements de planches, pour l'Europe. De la Grande-Baie, où finissent les escarpements, on aperçoit de belles fermes, des haras, des vacheries ;

tous les appareils de la science agricole la plus avancée, en face d'une nature grandiose, — et voilà ce pays dédaigné par la fastueuse cour de Versailles, par nos beaux esprits, nos réformateurs et toutes nos écoles politiques ! Resté français malgré nous, fécondé par des sueurs généreuses, il brille dans notre éclipse nationale ; sa vue est, pour tout cœur patriote, une consolation.

Le Canada français se termine à la pointe de la presqu'île de Gaspé, sur l'Océan Atlantique. Au sud s'étend le Nouveau-Brunswick, pays montagneux, dont les sites rappellent beaucoup ceux de la Forêt-Noire ou des Vosges. Les mines de marbres y forment une richesse immense. Là s'établirent, vers 1780, un grand nombre d'immigrants anglais, appelés Loyalistes, qui, mus par un sentiment honorable de fidélité envers la maison de Hanovre, quittèrent les colonies anglaises après la guerre de l'Indépendance. Le Nouveau-Brunswick forme, avec la Nouvelle-Ecosse, l'île du Cap-Breton et l'île du Prince-Edouard, un groupe qu'on nomme les *Etats maritimes du dominion canadien*, provinces adonnées à la pêche et surtout à la navigation. Au commencement du xviiie siècle, ces pays étaient peuplés exclusivement de colons français. C'est dans l'île du Cap-Breton que se trouvait la fameuse forteresse de Louisbourg, qui fut pendant trente ans la terreur des colonies anglaises, et qui se laissa prendre, en 1745, par les milices de Boston. Ses habitants, au nombre de 2,000, furent embarqués pour la France.

La Nouvelle-Ecosse subit une destinée encore plus cruelle ; cette presqu'île, sous le nom d'Acadie, avait été cédée aux Anglais, par le traité d'Utrecht, en 1713. Mais ses habitants s'étaient distingués en toute occasion par leur attachement à la France. Cette fidélité fut punie par les Anglais, d'une manière barbare. Au mois de novembre 1755, une flotte anglaise, commandée par l'amiral Boscawen, parut en vue des côtes Acadiennes. Des soldats s'abattirent sur les villages, les brûlèrent, firent main basse sur les habitants et les embarquèrent au nombre de 8 ou 9.000, pour les colonies Anglaises, où ces malheureux vécurent, exilés de leur patrie, jusqu'à la fin de leurs jours. Voici dans quels termes l'historien national Garneau, décrit ce douloureux épisode.

« Le 10 fut le jour fixé pour l'embarquement. Une résignation calme avait succédé au premier désespoir. Mais lorsqu'il fallut dire un dernier adieu à leur patrie pour aller vivre séparés, au milieu d'un peuple étranger..... leur courage s'évanouit, ils furent navrés de douleur. En violation de la foi jurée, et par un raffinement inouï de barbarie, les familles furent divisées et dispersées sur différents navires. Pour les embarquer, on rangea les prisonniers par six de front, les jeunes gens en tête. Ceux-ci refusèrent de marcher en réclamant l'exécution de la promesse qui leur était faite, qu'ils seraient embarqués avec leurs parents ; on fit avancer contre eux les soldats la baïonnette croisée.

» Le chemin, depuis la chapelle du Grand-Pré, jusqu'à la rivière Gaspareaux, avait un mille de longueur ; il était bordé de deux côtés, de femmes et d'enfants, qui, à genoux et fondant en larmes, encourageaient leurs maris et leurs pères, en leur adressant des bénédictions. Cette lugubre procession défila lentement en priant et en chantant des hymnes.

» Les chefs de famille marchaient après les jeunes gens. Enfin la procession atteignit le rivage. Les hommes furent mis sur certains bâtiments ; les femmes et les enfants sur d'autres. Des gouvernements ont commis des actes de cruauté dans des temps de passions, au milieu de révolutions politiques ou religieuses, pour satisfaire des haines ou des vengeances particulières, mais il n'y a pas d'exemple chez les modernes, qu'un pareil châtiment ait été infligé à tout un peuple paisible et inoffensif, avec autant de calcul, de barbarie et de sang-froid.

» Pendant de longues journées après le départ des Acadiens, on vit leurs bestiaux s'assembler autour des ruines des habitations, et les chiens passer la nuit à pleurer l'absence de leurs maîtres, en poussant de plaintifs hurlements. »

Les fermes et les terres confisquées *et réunies à la couronne anglaise*, furent données à des aventuriers d'origine britannique.

Les Acadiens fondèrent dans la suite, un canton dans la Lousiane, auquel ils donnèrent le nom d'Acadie. Louis XV, touché de leur fidélité, fit proposer aux ministres anglais d'envoyer des vaisseaux pour les recueillir. Lord Grandville fit répondre que l'acte de navigation s'opposait à l'entrée des navires français dans les colonies anglaises. Cependant quelques Acadiens, après de longues épreuves, purent parvenir en France. Ils y forment aujourd'hui deux communes prospères dans le département des Landes.

Un fait remarquable et bien triste, c'est que cette déportation en masse d'une population française, ne fit pas en France la moindre sensation. On cherche vainement dans les écrits de l'époque, une seule marque d'intérêt pour les malheureux Acadiens, victimes de leur dévouement à la mère-patrie. Ni Voltaire, ni Rousseau n'en font mention. Une littérature qui prenait tout le genre humain sous son patronage, qui cherchait des injustices à redresser dans tout l'univers, est restée sourde aux gémissements d'une population française, expulsée en masse de sa terre natale. Aussi, ce crime de lèse-nation a-t-il passé presque inaperçu des contemporains. De nos jours, il est presque ignoré en Europe. En Amérique, l'impression produite par ce douloureux épisode subsiste encore, après plus d'un siècle ; l'illustre poète Longfellow en a fait le sujet d'un poëme qui, par le sentiment, la grâce, la pureté du style, a pris rang parmi les chefs-d'œuvre de notre siècle. Permettez-moi d'en faire ici la courte analyse et d'en projeter l'attrait touchant sur cette conférence :

Deux fiancés Acadiens, Evangéline et Gabriel, vont célébrer leur noce dans le petit port de Grand-Pré. La veille même du mariage survient un détachement Anglais qui, par ordre du roi, brûle leur village et leur ordonne

de s'embarquer sur les navires de la flotte. Au moment
de partir, le père d'Evangeline succombe à sa douleur,
et pendant que sa fille lui rend les derniers devoirs, Gabriel embarqué sans elle, part pour une destinée inconnue. Séparés par cette catastrophe, les deux fiancés
font de vains efforts pour se retrouver à travers l'immense continent. Evangéline apprend que Gabriel et
son père ont été vus en Louisiane. Conduite par un
missionnaire, elle descend le Mississipi pour le retrouver.
O malheur ! au même instant, Gabriel remontait le fleuve
à sa recherche. Les deux amoureux se croisent sans se
voir. Evangéline suit la trace de Gabriel, à travers là
forêt de l'Ouest ; elle ne trouve que la cendre des feux
allumés par lui dans les solitudes. Les printemps et les
hivers se succèdent, Evangéline a parcouru les lacs, les
bancs de la rivière Saginaw, elle a suivi les jésuites et
les chasseurs de bêtes fauves; dans leurs plus lointaines
excursions. Elle n'a trouvé Gabriel nulle part. Sa jeunesse s'est consumée dans cette poursuite infructueuse.
Ses traits ont perdu leur éclat. Ses cheveux se nuancent
de teintes argentées. Elle s'établit à Philadelphie, comme
sœur de charité. Là, pendant une épidémie de fièvre
jaune, sur son lit d'hôpital et dans les traits d'un vieillard
mourant, elle reconnait Gabriel; elle pousse un cri. L'in-
fortuné meurt après l'avoir reconnue. Evangéline s'age-
nouille en disant à Dieu : mon père, je vous remercie !

Tel est le poëme d'Evangéline. Les Canadiens peuvent
être fiers de l'avoir inspiré. Car c'est dans l'intuition
de leur caractère, dans leurs mœurs simples et patriarcales, dans leur force d'âme à la fois rustique et chré-
tienne, que l'auteur a puisé ses plus belles peintures,
ses accents les plus pathétiques.

En déportant les malheureux Acadiens, le ministère
Anglais s'était proposé trois buts : d'abord de supprimer un obstacle et de se ménager un terrain complètement libre pour les invasions qu'il projetait dans le
Canada; deuxièmement, d'intimider tous les Canadiens
français et de précipiter le résultat de la guerre ; enfin
de chasser pour toujours, la population française des

côtes et d'assurer aux colons Anglais, le monopole de la pêche ; Eh bien ! il est satisfaisant pour la conscience humaine, de constater que la politique anglaise s'est trompée dans tous ses calculs. En effet, la transportation des Acadiens n'a pas eu sur la guerre la moindre influence, car les hostilités ont eu lieu sur un tout autre théâtre, et les invasions anglaises n'en ont pas moins été repoussées victorieusement, sur tous les points, pendant quatre années consécutives ; — elle n'a pas intimidé les Canadiens ; car, pendant toute la guerre, ils ont fait preuve d'un courage et d'une constance héroïque. — Enfin, elle n'a même pas extirpé de l'Acadie la population française, car on compte à l'heure actuelle, dans la presqu'île, plus de 30.000 Canadiens Français. Dans le Nouveau-Brunswick, les Franco-Canadiens dépassent 40.000 âmes, dans l'île du cap Breton, 20.000, Dans l'île du prince Edouard, 15.000. Si l'on prend en bloc le groupe des états maritimes, on verra que la race française y figure pour plus de 120 mille âmes, et représente environ le cinquième de la population totale. La transportation de 1755 ne l'a donc pas fait disparaître.

Je termine ici cette excursion dont les détours ont peut-être trop exercé votre patience. En lui donnant ce développement, mon but était de vous soumettre un aperçu général du Canada français, de vous en faire voir le centre principal et les ramifications, de vous en faire apprécier la force expansive, enfin de mettre en lumière ses grandes qualités, ses titres à notre sympathie, à notre fraternel souvenir. Si votre attention veut me suivre dans un second entretien, je vous exposerai l'histoire de ce peuple depuis la conquête anglaise, les vicissitudes qu'il a traversées, son rôle dans la civilisation américaine, enfin les liens qui, sans faire ombrage à personne peuvent *encore* le rattacher à la France.

DEUXIÈME CONFÉRENCE

Mesdames, Messieurs,

Si j'ambitionnais un succès de narration, si mon but était seulement de détenir votre attention bienveillante et vos sympathies pendant une soirée, je ne pourrais choisir un sujet plus attractif que la guerre du Canada de 1754 à 1760, c'est-à-dire l'effort suprême des Canadiens pour rester unis à la France. Je prendrais pour guide le récent ouvrage de M. Dussieu intitulé : *le Canada sous la domination française* et je vous montrerai cette poignée de colons, arrêtant pendant six ans sur un espace de six cents lieues les efforts réitérés, infatigables de l'invasion étrangère, abandonnant leurs campagnes en friche, aux incursions des sauvages, souffrant la famine, toutes les privations et tous les dangers, sans se plaindre, pour rester unis à la France. Je vous raconterai les exploits des Contrecœur, des Beaujeu, les victoires et la mort héroïque de Montcalm, enfin la dernière campagne du chevalier de Lévis qui sauva, sinon le Canada français, du moins l'honneur des armes françaises. Mais au lendemain de catastrophes encore présentes dans tous nos esprits, évoquer le souvenir de malheurs et de tristesses analogues, serait réveiller chez vous des blessures trop cruelles et trop douloureuses. Mieux vaut chercher dans l'histoire, des motifs d'espérance et d'encouragements. Or, rien n'est plus propre, à relever nos courages, que le spectacle d'une population conquise abandonnée au-delà de l'Océan par la mère-patrie, et déployant une constance inébranlable dans l'adversité. Ce peuple précipité au fond d'un abîme, s'en est tiré lui-même à force de résolution, de sang-froid et de sagesse politique. Toutes les qualités que les Anglo-Saxons (je ne parle pas des Allemands) dénient à notre race il les a mises en lumière. Enfin un triomphe éclatant a, dans ces derniers temps, couronné sa persévérance. Prendre pour objet un pareil tableau, c'est vous faire entrevoir un avenir meilleur pour notre patrie.

Je vais faire mes efforts pour vous le présenter :

Le premier soin des Anglais après la conquête, fut d'assimiler le Canada à leurs autres possessions américaines, et de lui donner une physionomie britannique. C'est là l'usage invariable de tous les conquérants. Tous croient s'assurer l'avenir en effaçant les traces du passé. Tous croient prendre possession des âmes en les jetant dans un nouveau moule, et veulent pétrir un genre humain à leur ressemblance. Mais ici, pour le gouvernement de Londres, se présentait tout d'abord une difficulté. Les colonies anglaises d'Amérique jouissaient de législatures élues et d'institutions libres. Comment appliquer un pareil régime à des populations françaises, hostiles par leur origine et leurs traditions à leur nouvelle métropole : Tout bien considéré, le ministère anglais, peu confiant dans les éventualités électives, dota le Canada d'un conseil nommé par la couronne et chargé de voter le budget de la colonie : Ce conseil fût composé de 23 membres, dont 8 seulement étaient canadiens. Les 15 autres étaient des fonctionnaires ou des immigrants anglais, tous créatures avérées du gouvernement. La concession, comme on voit, était assez mince. Cependant (aveu triste à faire) elle marquait un progrès sensible sur l'administration française qui n'avait jamais fait aux Canadiens l'honneur de les consulter.

Deux points essentiels à fixer étaient la loi civile les rapports du catholicisme avec le gouvernement.

Canada, sous la domination française, avait toujours
été régi par la coutume de Paris, code rédigé par d'éminents jurisconsultes sous les auspices de Colbert, et
qu'ont reproduit en très-grande partie les rédacteurs de
notre code civil. Les anglomanes voulaient qu'elle fût
abolie. Ils demandaient de plus que le clergé canadien
fût traité comme tous les clergés dissidents d'Angleterre,
et que ses biens fussent confisqués au profit du culte
orthodoxe. Ces changements, disaient-ils, étaient indis-
pensables pour régénérer le pays. Les regards ne seraient plus attristés par sa physionomie française ; et
les vertus britanniques allaient s'y épanouir dans leur
éclat. Le programme était séduisant, mais en Angleterre, il fut jugé dangereux. Déjà l'esprit de révolte
soufflait dans les colonies américaines. Tout y faisait
pressentir un conflit prochain et terrible. Le cabinet de
White-Hall craignit de compliquer la situation en four-
nissant aux Canadiens des griefs. La coutume de Paris
fut maintenue ; le clergé catholique resta libre de tout
contrôle et maître incontesté de ses biens.

Un an après (1775), éclatait la guerre des colonies
anglaises contre leur métropole. Le Congrès de Philadelphie lançait cette fameuse déclaration des droits qui
fut saluée en Europe, comme un nouvel évangile. La
France philosophique répondait à cet appel par une
immense acclamation. Sans contester la valeur du manifeste en lui-même, l'histoire doit cependant faire ses
réserves, car parmi les griefs énoncés par le Congrès
de Philadelphie contre l'Angleterre figurent *les libertés
reconnues au culte catholique par le cabinet de
Londres*, et l'atteinte portée par cette concession *aux
droits* de la religion protestante. « Nous ne pouvons,
» dit le Congrès, nous empêcher d'être surpris qu'un
» parlement britannique ait consenti à *tolérer* une reli-
» gion qui a inondé l'Angleterre de sang, et répandu
» l'impiété, l'hypocrisie, la persécution, le meurtre et
» la révolte dans toutes les parties du monde. » Ce langage, on le voit, n'est pas très-philosophique. Mais une
circonstance le rendait parfaitement absurde : c'était

qu'à ce moment même, le Congrès faisait tous ses efforts pour entraîner les Canadiens dans sa cause. Dans une adresse solennelle, il leur exposait, en s'appuyant sur Montesquieu les avantages d'une constitution libre, et les invitait à se joindre aux autres colonies pour défendre *leurs droits communs*. « Saisissez, disait-il,
» l'occasion que la Providence vous présente : La diffé-
» rence de religion ne peut préjudicier à notre amitié
» réciproque. Il est de la nature de la liberté d'élever
» au-dessus de toute faiblesse ceux que son amour unit
» pour la même cause. Les cantons Suisses nous four-
» nissent une preuve mémorable de cette vérité. Com-
» posés de catholiques et de protestants, ils jouissent
» d'une paix parfaite, et défient toutes les attaques de
» la tyrannie. »

La mauvaise foi n'honore jamais une diplomatie, mais elle est doublement choquante dans une politique révolutionnaire invoquant la justice éternelle et les droits sacrés de l'humanité. Ces subterfuges, ces indignations qui changeaient de forme et d'objet, suivant le public et le but qu'on avait en vue produisirent au Canada l'effet le plus désastreux. Le clergé considéra l'insurrection comme un mouvement protestant et prêcha la soumission à la couronne d'Angleterre. L'aristocratie canadienne, mue par des sentiments analogues, fit étalage de pur royalisme. Plusieurs nobles s'enrolèrent dans l'armée anglaise. Seul, le peuple des villes fournit à la cause américaine quelques partisans. Mais ces adhésions éparses, obscures, ne purent entraîner le pays. Dès le début de la lutte, il fut évident que le Canada s'isolait et que cette province arrachée à la France restée française par le cœur, serait la seule dans l'Amérique du Nord qui ne fût pas armée contre l'Angleterre.

Cependant les Américains avaient pris partout l'offensive. Une colonne commandée par les généraux Arnold et Montgoméry avait occupé toutes les positions sur le lac Champlain et s'était avancée sur Québec. Ce corps, il est vrai, ne comptait que 1400 hommes; entreprise avec une telle force, au cœur de l'hiver, l'expédition était un prodige d'audace et ne pouvait réussir que par surprise ou par l'impéritie des Anglais. Ceux-ci, pour défendre Québec, avaient 1800 hommes dont près de 600 canadiens. La citadelle et tous les ouvrages défensifs étaient dans une condition excellente. Sans s'émouvoir de ces difficultés, les Américains investissent la place. et dans la nuit du 31 décembre (1775), par une neige furieuse. ils montent à l'assaut de quatre côtés. Déjà Montgoméry avait escaladé les rochers, situés entre la basse-ville et le Saint-Laurent, et s'avançait vers le faubourg Saint-Jean, lorsqu'un feu de mousqueterie, exécuté par les milices canadiennes, le renversa mort avec ses principaux officiers. Sa troupe, intimidée, rebroussa chemin. Arnold, plus heureux, pénétra jusque dans l'intérieur de la ville; mais il la trouva barricadée. Les Canadiens, retranchés dans les maisons, faisaient pleuvoir une grêle de balles sur les agresseurs. Les Anglais, passifs spectateurs du combat pendant toute la matinée, sortirent enfin de la citadelle et forcèrent les Américains à se retirer. Tout l'honneur de la lutte, on le voit, avait été pour les Canadiens.

Peu de temps après, Arnold ramenait vers Albany sa petite troupe épuisée, et Québec, dégagé, devenait le pivot des opérations anglaises contre les colonies insurgées.

La guerre fut longue, et l'issue, pendant cinq ans, en fut indécise. L'apparition d'une armée française fit pencher la balance du côté des Américains. Le 19 octobre 1781, les généraux anglais durent capituler devant Lafayette et Rochambeau à York-Town, comme les Français avaient capitulé, vingt-deux ans auparavant, à Québec. Ce fut là, pour la cour de Versailles, une brillante revanche, mais on peut s'étonner qu'elle ait été prise en Virginie et non sur les bords du Saint-Laurent. Là, notre intervention eût été bien plus puissante et plus décisive. Là, nos troupes eussent opéré sur un terrain bien plus favorable; des populations françaises se seraient déclarées pour elles et seraient entrées dans leurs rangs ; l'honneur de les affranchir.

peut-être de les restituer à la France, eût été, pour nous, le prix légitime de la guerre. Mais jamais l'action des généraux français ne se porta vers le Nord. Dans le traité qui sanctionna l'émancipation des Etats-Unis, le Canada ne fut même pas mentionné. Du sang français qui venait d'être répandu pour la liberté américaine, il ne recueillit aucun bénéfice.

L'affranchissement des colonies anglaises aggrava même la situation des malheureux Canadiens ; car elle rendit le gouvernement anglais plus ombrageux à leur égard et plus tyrannique. Une police tracassière plana sur tout le pays. Les lettres étaient ouvertes ; à chaque instant des citoyens inoffensifs étaient arrêtés arbitrairement et jetés dans les prisons d'Etat pour « menées secrètes avec les rebelles. » — « Ces prisonniers, dit » Garneau, demandaient en vain leur procès ou leur » liberté. On restait sourd à leurs prières, et quand le » gouvernement avait reconnu leur innocence, ou » croyait les avoir assez punis, ou ne craignait plus » leurs idées, il les faisait élargir, sans explication. » C'est ainsi que les Canadiens étaient récompensés du dévouement qu'ils avaient déployé pour la cause anglaise pendant le siége de Québec.

Malgré ce despotisme, l'esprit libéral fermentait. Dès 1780, Montréal et Québec s'agitèrent pour l'obtention de libertés constitutionnelles. Des comités se formèrent dans ces deux villes, rédigèrent des pétitions pour obtenir une chambre élective, l'*habeas corpus*, le procès par jury dans les causes criminelles, enfin la liberté de la presse. Un magistrat canadien, nommé du Calvet, que le gouvernement anglais avait tenu enfermé pendant trois ans, pour raison d'Etat, dans les prisons de Québec, se chargea de porter à Londres les plaintes et les demandes de ses compatriotes. Arrivé en Angleterre, il commença par accuser le gouverneur devant la justice anglaise pour détention arbitraire. Le ministère ayant étouffé le procès, du Calvet, sans se décourager, publia un volume de lettres écrites en français, sous ce titre : *Appel à la justice de l'Etat.*

Ce livre, écrit avec une grande véhémence, fit sensation dans les cercles politiques. « Qu'il est triste d'être
» vaincu ! disait du Calvet. S'il n'en coûtait que le sang
» qui arrose les champs de bataille, la plaie serait
» bien profonde, bien douloureuse, mais le temps au
» moins la fermerait. Mais être condamné à sentir
» continuellement la main d'un vainqueur qui s'appe-
» santit sur vous, être esclave à perpétuité du souve-
» rain constitutionnel du peuple le plus libre de la
» terre, c'en est trop ! »

Du Calvet, on le voit, s'appropriait, avec plus ou
moins de bonheur, les formes oratoires de J.-J. Rousseau. Mais, dans son emphase, il ne manquait pas d'habileté. Son livre eut un très-grand succès parmi les
membres de l'opposition ; il leur fit comprendre, pour
la première fois, le parti qu'ils pouvaient tirer des affaires canadiennes contre le ministère. Pour ces gentle-
men, c'était la découverte d'une mine d'or. Dès lors,
le Canada devint dans le Parlement anglais un arsenal à
philippiques contre le pouvoir. Bonne fortune inattendue, dont les avantages ne tardèrent pas à se révéler.

Si les Canadiens avaient pu traiter directement avec
la Chambre des Communes, ou même avec le ministère anglais, ils auraient obtenu, sans trop de peine, ce
qu'ils demandaient. Mais leur voix était interceptée
par le gouverneur et par les fonctionnaires anglais, qui
s'obstinaient à traiter la province en pays conquis et
trouvaient étrange que ses habitants réclamassent des
droits constitutionnels. Une telle prétention, émise par
des Français, leur paraissait exorbitante et séditieuse.
Avec eux faisaient cause commune les immigrants de
sang britannique, déjà nombreux à Québec et à Montréal qui, jouissant, par droit de conquête, d'une position supérieure, voyaient dans l'octroi d'une constitution la ruine imminente de leurs priviléges. Cette classe
s'agitait beaucoup ; elle pétitionnait à Londres, intri-
guait auprès des ministres et ne cessait de représenter
les Canadiens comme une poignée de paysans, igno-
rants, à moitié barbares, et destinés à disparaître

comme les Peaux-Rouges devant la civilisation anglaise.
Suivant elle, une seule chose importait : c'était d'*angli-
fier*, de faire disparaître la langue et les lois françaises, de renforcer, par tous les moyens possibles, la
prépondérance de l'élément britannique. De cette manière, tous les embarras relatifs au Canada français
devaient cesser d'eux-mêmes, par son extinction.

Les deux partis étaient aux prises, et le cabinet de
Londres n'avait pas encore fait son choix entre leurs
systèmes, quand la Révolution française éclata. Aux
premiers symptômes, les hommes d'Etat anglais ju-
gèrent le péril. Ils comprirent qu'une grande guerre allait embraser l'Europe, que l'Angleterre allait se retrouver aux prises avec son ancienne rivale, et que la
France, cette fois, allait avoir pour alliées les passions
populaires dans le monde entier. Devant une telle perspective, traiter les Canadiens en peuple conquis était un
jeu dangereux. Le ministère Pitt le comprit, et, par une
initiative hardie, proposa une constitution pour *la province de Québec*. La discussion de ce bill est restée
fameuse dans les annales parlementaires de la Grande-
Bretagne, pour avoir mis aux prises Fox et Burke, les
deux plus grands orateurs de l'opposition. Fox, chef du
parti whig, soutint le projet au nom des principes libé-
raux. — « Il est important, dit-il, que cette colonie
» n'ait rien à envier à ses voisins des Etats-Unis. Le
» Canada doit rester attaché à la Grande-Bretagne par
» la volonté de ses habitants. Il est impossible de le
» conserver autrement. Mais, pour cela, il faut que les
» habitants sentent leur situation aussi heureuse que
» celle des Américains. »

Burke, ami de Fox, avait également pris les Canadiens sous sa protection ; mais pour un motif tout dif-
férent. Adversaire passionné des Jacobins, ce qu'il aimait en eux, c'était une épave de cette vieille France,
engloutie depuis deux ans, dans la tourmente révolutionnaire, c'était une société fidèle à ses traditions, un
type d'ancien régime, simple et patriarcal, dont il eût
voulu provoquer en Europe la résurrection.

En soutenant le bill de Québec, il insista sur les garanties sages et modérées qu'elle assurait à la colonie, puis se félicita de n'y pas voir cette désastreuse et coupable déclaration des droits de l'homme, qui venait de mettre la France en feu. Je remercie le ciel, ajouta-t-il, d'avoir préservé cette province, en la donnant à l'Angleterre, des doctrines contagieuses qui, dans ce moment, infestent son ex-métropole.

Fox, on le sait, s'était constitué le défenseur officiel de la révolution française; il releva les propos de Burke, avec amertume, comme une injure personnelle : Il lui reprocha d'accuser légèrement un grand peuple, et de tourner en dérision dans les droits de l'homme la base respectable de toutes les libertés humaines, y compris la Constitution britannique. — Echauffés de plus en plus par la discussion, les deux orateurs rompirent leur vieille amitié d'une manière solennelle, à la face du monde, et cette rupture dura toute leur vie. Tous deux cependant avaient soutenu le bill proposé.

Par la Constitution de 1791, la colonie fut divisée en Haut et Bas-Canada. Cette séparation fut adoptée pour circonscrire l'élément français et pour soustraire à son influence la région des lacs où l'immigration anglaise commençait à s'agglomérer. Chacune des deux provinces était régie : 1° par une assemblée élective de 50 membres; 2° par un Conseil de 15 membres, nommé par le gouverneur. La coutume de Paris fut maintenue pour le Canada français. Le Code anglais, avec la procédure par jury, devint la loi criminelle.

À cette époque, le Canada français comptait 135 mille âmes. — Sa population s'était plus que doublée depuis la conquête. — Si ce petit peuple abandonné par la mère-patrie, oublié dans un coin du monde, eût pu fixer l'attention des philosophes, il eût excité leur admiration. Contre tous les efforts d'un pouvoir absolu, il avait maintenu son existence, sa langue, ses lois nationales et conquis le droit de contrôle sur ses gouvernants. Par sa constance. par la dignité de son caractère, il avait forcé ses ennemis à le respecter et se retrouvait.

après trente-et-un ans, plus fort, plus compact, plus vivace qu'en 1759. Bel exemple de sagesse civique, malheureusement trop rare dans les annales de la race française !

Sans exalter outre mesure les concessions faites aux Canadiens par le Gouvernement de Londres, on doit reconnaître qu'elles constituaient une innovation hardie et peut-être sans précédent dans l'histoire. Sage politique que les événements se chargèrent bientôt de justifier. Une année après, la guerre avec la France absorbait l'attention et toutes les forces de la Grande-Bretagne. — Presque aussitôt, la République Américaine devint un foyer d'agitation ardente contre l'Angleterre. Edmond Genêt, ambassadeur de la Convention nationale à Philadelphie, lançait partout des proclamations et des émissaires, recrutait une légion dite Mississipienne dans le Kentucky, et se vantait d'entraîner dans une commune action toute l'Amérique du Nord. Le Canada resta sourd à cette propagande et conserva, pendant toute la période révolutionnaire, un calme absolu.

Plus dangereux que la propagande jacobine étaient l'ambition et le voisinage des États-Unis. Souveraine des bouches du Mississipi, poussant déjà ses avant-postes jusqu'au pied des Montagnes-Rocheuses, la puissante république ne se résignait pas à voir son développement arrêté au Nord par le Saint-Laurent et les Lacs. Il lui paraissait tout simple d'annexer cette région comme une dépendance de son territoire. D'ailleurs, les Américains n'étaient-ils pas les débiteurs de la France ? Quel meilleur moyen pour montrer leur gratitude, pour s'acquitter d'une dette sacrée que de soustraire les Canadiens français au joug « de leurs oppresseurs ? » Aussi leurs regards se portaient-ils invinciblement dans cette direction. Ils inondaient le Canada d'agents secrets, de brochures anonymes, et se tenaient prêts à l'envahir au premier prétexte.

Devant ces dispositions. il eût été prudent à l'Angleterre de ménager les Etats-Unis, et de ne point froisser leurs intérêts ainsi que leur amour-propre par sa tyrannie maritime. Mais engagée dans une lutte à mort contre Napoléon, exaspérée par le blocus continental qui lui fermait les ports de l'Europe, elle considéra les autres parties du monde comme un champ libre à ses représailles, et multiplia sur l'Océan ses exigences et ses vexations. Le droit de visite, la presse furent exercés sur les navires américains, avec une insolente rigueur. Des vaisseaux de guerre anglais, surveillaient étroitement les côtes et les ports des Etats-Unis pour interdire aux Américains, comme à des sujets, tout commerce avec la France et ses alliés.

Il n'en fallait pas tant pour pousser à la guerre un peuple énergique, plein de goût pour les aventures et d'une juste confiance dans sa force. C'était l'époque où la puissance de Napoléon, à son apogée, embrassant presque toute l'Europe, allait se mesurer avec la Russie. Avec un tel allié, les Américains crurent pouvoir tenter la fortune des armes. Le président Madison mit un embargo sur tous les navires anglais, et fit passer une loi par les deux Chambres du Congrès pour déclarer la guerre à la Grande-Bretagne (1811).

Les hostilités commencèrent en 1812. Les Américains avaient formé une armée régulière de 25,000 hommes. 50,000 volontaires s'étaient présentés spontanément pour remplir les cadres de réserve ; en outre 100,000 miliciens répandus sur le territoire, se tenaient prêts à couvrir les points que l'ennemi pourrait menacer. Ces 175,000 hommes excédaient de beaucoup toute la population mâle des Deux-Canadas. Les garnisons Anglaises, peu nombreuses, étaient éparses dans quelques postes fortifiés, sur une frontière de cinq ou six cents lieues. Ce faible effectif était renforcé par quelques centaines de sauvages commandés par un chef habile et redouté, nommé Tecumseh. Ainsi, par un renversement des rôles, les Anglais se trouvaient dans une situation tout à fait identique à celle des Français en 1754. C'étaient les mêmes périls d'invasion par le Sud, les mêmes auxiliaires, la même disproportion numérique. Comme en 1754, les Franco-Canadiens formaient le noyau de la résistance.

Malgré la supériorité de leurs forces, les Américains étaient mal préparés à la lutte. Leurs colonnes furent, dès le début, battues sur toute la ligne par les corps anglais. Encouragés par ces succès, ceux-ci crurent pouvoir prendre l'offensive dans l'Ouest et s'aventurèrent, sous les ordres du général Proctor, au Sud du Lac des Hurons, dans le pays des Miamis et dans la direction de Cincinnati. Proctor à la tête de 800 réguliers et de 1,100 sauvages, vainquit les milices Américaines dans plusieurs rencontres, et tout fier de ces faciles triomphes, s'engagea de plus en plus dans le Sud. Pendant ce temps, les Américains construisaient une flottille sur le lac Erié, livraient bataille à l'escadre anglaise qui stationnait dans ses eaux et la détruisaient complétement. Maîtres du lac, ils s'élancèrent sur la rive Canadienne au Nord de Détroit et coupèrent la retraite à Proctor. Ce dernier, comprenant trop tard son imprudence, se retira vers le Nord, à marches forcées. Il touchait au lac Ontario, lorsqu'il fut atteint à Moravian-town par une armée Américaine de 5 ou 6,000 hommes, commandée par le général Harrison. Les Anglais résistèrent avec leur solidité ordinaire, mais chargés avec impétuosité par la cavalerie Kentuckienne, ils furent rompus et mis en déroute complète. 700 d'entre eux, dont 25 officiers furent pris par l'ennemi. Tecumseh, leur allié, périt dans le combat, avec plusieurs centaines de sauvages. Proctor parvint à s'enfuir avec 200 hommes.

Cette funeste bataille livrait aux Américains le Haut-Canada. Nul effort ne fut tenté par les populations Anglo-Canadiennes pour défendre le sol national. Toronto, leur capitale, fut prise et pillée par le général américain Dearborn. Peu de temps après, le gouverneur du Canada sir Prevost était lui-même repoussé vers Montréal. Enfin, un second engagement naval assurait aux Américains la possession du lac Ontario.

Les Anglais se trouvèrent alors dans une position très-critique. Battus sur les deux éléments, rejetés du Haut-Canada, ils étaient complètement découverts du côté de l'Ouest. Au Sud, une armée américaine menaçait Montréal et Québec ; ces deux villes n'étaient défendues que par un petit corps posté près du lac Champlain, et dont les milices franco-canadiennes constituaient la force principale.

La colonne d'invasion, forte de 15,000 hommes et commandée par le général Hampton, s'avançait divisée en deux corps, le long de la rivière Chateauguay, qui se jette dans le Saint-Laurent, non loin de Montréal. A cette nouvelle, le colonel anglais Salaberry, à la tête de 300 Canadiens, courut à marches forcées au-devant des Américains pour leur barrer le passage. L'entreprise eût été folle dans tout autre pays. Mais dans les forêts canadiennes, le sang-froid et le coup-d'œil d'un chef, secondé par une poignée d'hommes déterminés avaient déjà produit d'étonnantes surprises. Salaberry se porte sur une éminence entourée de ravins profonds, de marécages, et fortifiée par quatre lignes d'abattis. Ses éclaireurs avaient coupé les ponts à une grande distance, afin d'isoler l'ennemi de son artillerie. Toutes ces dispositions étaient prises, quand parut la première division américaine, forte de 7,000 hommes et commandée par Hampton, lui-même. « Braves Canadiens, cria l'un de ses officiers en français, rendez-vous ; nous sommes vos amis, nous ne voulons pas vous faire de mal. » Une décharge meurtrière répondit à cet appel et fut le prélude d'un combat très-vif. Les Américains s'élancèrent à l'assaut avec beaucoup de courage, mais furent repoussés à différentes reprises. Au bout de quelques heures, Hampton croyant les Canadiens beaucoup plus nombreux qu'ils n'étaient réellement, prit le parti d'abandonner la lutte. Ainsi 7,000 hommes se retirèrent devant 3 ou 400. Ce ne fut pas tout. L'échec de la première division américaine découragea la seconde ; et toute l'armée des Etats-Unis se transporta sur le territoire de la République pour y prendre ses cantonnements. « Ainsi, dit Garneau, la résistance heureuse de quelques compagnies de milice détermina la retraite d'une armée de 15 ou 16.000 hommes, et fit échouer le plan d'invasion le mieux combiné qu'eussent encore formé les Etats-Unis, pour la conquête du Canada. Le colonel Salaberry fut remercié par le général en chef, les deux Chambres et décoré par le Prince Régent. Les milices reçurent des drapeaux en témoignage de leur bonne conduite. »

Quelques mois plus tard, la chute de Napoléon et la pacification de l'Europe rendirent à l'Angleterre la libre disposition de ses forces. Le cabinet de Londres s'empressa de diriger sur l'Amérique d'importants renforts. 14,000 hommes de troupes régulières furent débarqués dans l'espace d'un mois à Québec. Avec de tels éléments, les généraux anglais eussent pu sans peine rejeter la guerre sur le territoire des Etats-Unis, mais ils manquèrent de décision. Tous leurs efforts se perdirent en marches et en contremarches, tandis que leur flottille était battue et détruite par les Américains sur le lac Champlain. Quelques semaines plus tard avait lieu la fameuse bataille de la Nouvelle-Orléans (1715), où 12,000 Anglais furent taillés en pièces par 6,000 Américains, que commandait le général Jackson. La guerre n'avait plus d'objet d'aucune part, puisque les Etats-Unis avaient renoncé à leurs projets de conquête sur le Canada, et que les Anglais ne pouvaient rien enlever à la République. La paix fut signée dans la même année, conservant aux deux Etats leurs possessions respectives et gardant le silence sur le droit de visite.

Toute la gloire de cette guerre avait été pour les milices canadiennes qui, par leurs prouesses et par leurs victoires, avaient éclipsé les vétérans de lord Wellington. Pour la seconde fois, en moins de quarante ans, la domination anglaise dans l'Amérique du Nord avait été sauvée par un peuple dont elle avait confisqué l'indépendance, et que ses fonctionnaires affectaient de traiter en race inférieure.

Nous allons voir maintenant combien sont tenaces les préjugés greffés sur l'esprit de conquête, et combien ils sont ingénieux, inventifs, pour se dérober aux revendications de la société moderne et perpétuer leur empire. Rien n'était plus clair, mieux défini que les droits conférés aux Canadiens-Français, par la Constitution de 1791 ; rien de plus loyal que leur conduite vis-à-vis du Gouvernement anglais. L'Angleterre elle-même avait proclamé ce qu'elle devait à leur bravoure sur les champs de bataille. Cependant les gouverneurs du Canada ne se résignaient pas à voir une population française se développer auprès d'eux en conservant ses lois, sa langue et son caractère national. Ne pouvant ôter aux Canadiens leurs droits politiques, ils en entravaient l'exercice par tous les moyens, dissolvaient les législatures sous les prétextes les plus dérisoires, nommaient aux emplois les ennemis les plus avérés de la race française, prétendaient régler eux-mêmes l'emploi des subsides, enfin s'efforçaient de constituer une position privilégiée au clergé protestant, pour favoriser l'anglification. Mais leur rêve, leur idée fixe était de supprimer le Parlement de Québec, dont la voix française était toujours pour leurs oreilles une dissonance importune. Depuis que les colons anglais et écossais affluaient sur les bords des lacs Ontario et Erié, par centaines de mille, l'union des Deux-Canadas leur apparaissait comme le moyen le plus sûr, pour noyer l'élément français et l'annihiler. Leurs journaux préconisaient cette union ; leurs agents passaient l'Océan pour aller en démontrer l'urgence au gouvernement. Suivant eux, la Constitution de 1791 avait été une grande faute. Elle avait constitué les Franco-Canadiens en peuple indépendant, jaloux de sa langue et de sa nationalité. Sans cette concession, ils se fussent fondus tout naturellement dans la race anglaise, qui partout les entourait et les pénétrait. On avait ainsi encouragé cette population ignorante, obstinée et superstitieuse dans son orgueil et sa résistance au progrès.

L'administration et ses créatures développèrent cette thèse pendant douze ans de suite, sans oser faire de proposition formelle. Enfin , en 1827, le gouverneur, lord Dalhousie, jugeant le terrain préparé, soumit au bureau colonial de Londres un projet de loi qui réunis-

sait les deux provinces en une seule, représentée par
un parlement où les Anglais du Haut-Canada auraient
la majorité des deux tiers. L'usage officiel de la langue
française était aboli. La religion catholique passait à
l'état de culte toléré. Tous ses biens étaient transférés
au clergé épiscopal, en attendant qu'on pût lui transfé-
rer aussi les paroissiens. En un mot, le Canada français
tombait dans la condition de l'Irlande. Cette proposition, adoptée avec enthousiasme par le bureau colonial, reçut l'adhésion du Gouvernement et fut présentée
comme urgente au Parlement.

Pour défendre le projet devant la Chambre des Communes, le Ministre des Colonies, M. Huskisson affecta
de l'envisager comme une simplification administrative,
tendant à faire du Canada, pris en bloc, un pays vrai-
ment anglais, d'affection comme de nationalité. Puis il
s'étendit sur le rôle magnifique que jouerait dans l'histoire moderne, l'Angleterre, « mère de plusieurs colo-
» nies, dont quelques-unes formaient déjà des empires
» puissants. » Son devoir évident n'était-il pas de con-
tinuer cette noble mission, en portant dans tous les
coins du monde, sa langue, ses institutions, ses lois et
sa liberté ! « Quel noble sujet d'orgueil pour un Anglais
» de voir que sa patrie avait si bien rempli sa tâche,
» en travaillant à l'avancement du monde ! La stricte
» obligation du Gouvernement était donc de répandre
» dans le Canada des sentiments anglais, de lui donner
» en un mot, le bienfait des lois et des institutions an-
» glaises. »

Ces habiles déclamations allaient probablement enlever le vote de la Chambre, quand l'illustre James Mac-
Intosh, l'humoristique défenseur de toutes les causes
opprimées, se leva et prit la parole pour les Canadiens.
Dans un discours plein de verve, bravant de front tous
préjugés britanniques, Mac-Intosh, compara les colons
anglais, ces favoris du bureau colonial, aux descendants
de famille française, et donna hautement la préférence
à ces derniers, pour l'élévation des sentiments et du
caractère. Il défendit ensuite la coutume de Paris, dont

le Gouvernement demandait la suppression avec tant de persistance. — Cette loi, dit-il, n'est pas comme nos naïfs préjugés se la représentent, un recueil de dispositions confuses et capricieuses, *sanctionnant le régime féodal dans toute sa difformité*. C'est un code élaboré par les plus grands esprits qui se soient jamais appliqués à l'étude du droit, tels que Lhospital, Cujas, Pothier, Montesquieu (°), promulgué par le Parlement de Paris, c'est-à-dire par l'autorité la plus respectable du monde en matière de jurisprudence. Ici, Mac-Intosh, donnant cours à son esprit sarcastique, fit un piquant parallèle entre les lois françaises et anglaises. Avec un esprit inimitable, il releva toutes les complications, toutes les bizarreries que les lois anglaises ont conservées de nos jours ; il rappela que l'aliénation des propriétés foncières constituait à elle seule une étude des plus compliquées, et que l'achat d'un simple domaine coûtait autant d'écritures qu'un traité entre plusieurs nations. Ainsi, d'après l'orateur écossais, la loi canadienne était très-supérieure à la loi anglaise, et remplacer la première par la seconde, au nom du progrès et de la civilisation, c'était mystifier la Chambre, ou montrer autant de naïveté que de suffisance. Enfin, dans une péroraison véhémente, Mac-Intosh mit le Parlement en demeure de se prononcer et de décider une fois pour toutes s'il voulait constituer les Anglo-Canadiens en caste supérieure, et si la colonie devrait, comme l'Irlande, supporter six cents ans de servitude calamiteuse pour arriver à l'honneur d'une parfaite assimilation britannique.

Quel noble pouvoir possède l'éloquence, quand, dévoilant la tyrannie masquée sous d'adroits sophismes, elle remet en lumière la justice et la vérité ! L'effet de ce magnifique discours fut immense. Le ministère, qui se croyait victorieux, éprouva l'amertume d'une déroute imprévue et complète. La réunion des Deux-Canadas fut rejetée, et l'auteur du projet, lord Dalhousie dut être rappelé par le Gouvernement. Enfin son successeur reçut l'ordre d'éviter les conflits avec l'Assemblée élective de Québec, de déférer à ses avis dans la mesure du possible, et d'augmenter le nombre des Canadiens-Français dans les emplois de la magistrature provinciale ! Les Canadiens votèrent des remercîments à sir Mac-Intosh. Jamais reconnaissance n'avait été mieux méritée.

Plusieurs années s'écoulèrent. La politique de conciliation gagnait du terrain à Londres. Le ministère avait envoyé pour gouverneur, lord Aylmer, homme doux et conciliant, qui, loin de se montrer gallophage, comme lord Dalhousie, recherchait les Francs-Canadiens, et semblait ambitionner leur faveur. Il se montra plein de déférence pour le Parlement, et lui concéda le droit de voter les dépenses en détail ; les villes de Québec et de Montréal obtinrent de lui le droit d'administrer leurs affaires locales ; Lord Aylmer provoqua aussi l'abolition de redevances féodales qui pesaient lourdement sur l'agriculture, il nomma nombre de Canadiens aux emplois publics ; enfin, surmontant sa morgue anglaise et les préjugés aristocratiques, il fut galant auprès des dames Canadiennes, et dansa (tactique profonde) avec les femmes de plusieurs députés de l'opposition. Lord Aylmer avait été diplomate, et considérait la chorégraphie comme une alliée importante de la politique.

Malheureusement pour lord Aylmer et pour sa galanterie fusionniste, on était au lendemain de 1830. La révolution de juillet avait surexcité chez les Canadiens l'instinct de la résistance et le sentiment national. De plus les passions enflammées contre la domination anglaise obnébulaient la sagesse qui, jusqu'à ce jour, avait distingué l'esprit canadien. Le chef de l'opposition était alors M. Papineau, tribun véhément, mais entraîné par sa fougue et médiocrement pourvu de sens politique. S'inspirant d'idées et de réminiscences révolutionnaires, M. Papineau rêvait pour son pays la forme républicaine, pour lui-même les rôles réunis de Mirabeau et de Washington. Rêves séduisants, mais bien chimériques, car à côté d'un voisin ambitieux, l'indépendance d'un petit état est toujours précaire, et mieux valait pour les Canadiens la tutelle d'une puissance lointaine, fût-elle parfois tracassière, que l'absorption à courte échéance par la République des Etats-Unis.

M. Papineau comptait beaucoup sur l'ascendant que les idées françaises avaient conquis en Europe; il aimait à s'en prévaloir contre l'orgueil britannique. « La France, dit-il souvent, n'a pas eue dans l'histoire un rôle moins glorieux que l'Angleterre. Nous sommes fiers de cette descendance et nous ne saurions admettre qu'elle nous constituât aucune infériorité vis-à-vis des colons anglais ou du gouvernement royal. »

Ainsi l'antagonisme des races, sagement abandonné par le gouverneur anglais, était ravivé par les Franco-Canadiens; eux-mêmes passionnaient les débats par d'irritantes questions d'amour-propre. Bientôt leur attitude vis-à-vis de l'administration prit un caractère d'acrimonie et même de provocation. Animée du même esprit, la presse canadienne quittait ses habitudes de modération, et recensait en style déclamatoire tous les griefs du peuple canadien depuis la conquête. Les têtes s'échauffaient et perdaient la juste notion des réalités. On croyait gémir dans l'esclavage, on s'exhortait à secouer le joug des tyrans. Enfin on se répétait que la *révolution française devait faire le tour du monde*, — et qu'elle passerait nécessairement par le Canada. Confiant dans ces perspectives, M. Papineau fit voter par le Parlement de Québec une déclaration en 92 articles protestant au nom du peuple canadien contre le régime auquel il était soumis et demandant à l'Angleterre de réformer la constitution de 1791. Ce manifeste était rempli d'amères récriminations contre lord Aylmer.

Ce factum devait produire et produisit à Londres un fâcheux effet. Il fournissait un argument plausible au parti qui depuis si longtemps représentait les Franco-Canadiens comme « une poignée de démagogues factieux ». Toutefois le ministère ne manifesta aucune émotion. Les dépêches du Gouverneur, la violence des journaux, tout lui représentait l'agitation comme sérieuse et lui commandait de temporiser. Il fit partir un commissaire spécial, lord Gordsford, avec des pleins pouvoirs pour ménager une transaction. Mais en même temps, plusieurs régiments de troupes anglaises furent tirés du Nouveau-Brunswick et dirigés sur Québec. (1836).

En arrivant au Canada, lord Gordsford employa la conciliation pour gagner les Franco-Canadiens, il fit au Parlement un discours en français, qui scandalisa beaucoup les journaux anglais. Mais M. Papineau, enivré par sa puissance populaire, fit rejeter tout accommodement. Son langage était devenu comminatoire. « Le même génie, dit-il, qui précipitait malgré elles les anciennes colonies dans les voies d'une juste et glorieuse résistance, préside aujourd'hui à nos destinées. » Après avoir lancé dans le Parlement ces paroles brûlantes, il parcourait les comtés, recevait des banquets et des ovations, annonçant à tous que de grands événements étaient proches, et que la liberté serait le prix du courage. Ces appels ne restèrent pas sans écho. Bientôt des assemblées tumultueuses se formèrent dans un grand nombre de districts ruraux. On pendit le Gouverneur en effigie. Des bandes armées rodèrent dans les campagnes ; enfin des comités d'insurrection se formèrent, dans les comtés voisins des Etats-Unis.

Ainsi l'œuvre de M. Papineau mûrissait. Son succès dépassait même toutes les prévisions. Cependant loin de s'en réjouir, il se montra surpris et déconcerté. Cette brusque explosion l'effrayait. Il fit alors des efforts tardifs pour arrêter le mouvement ; il répudia la rébellion armée, et déclara n'avoir jamais eu d'autre objectif que la résistance légale. Mais son éloquence était plus apte à déchaîner les tempêtes qu'à les conjurer. Ses homélies sur la paix et sur le respect de la loi ne furent prises au sérieux par personne. On n'y vit qu'une tentative maladroite pour échapper à la responsabilité de ses actes, et pour se laver les mains du sang dont il prévoyait l'effusion. Les patriotes canadiens l'accusèrent de renier ses doctrines, et sa popularité fut perdue. Sa position devint alors fort difficile ; se séparer des rebelles pour reparaître à Québec ou à Montréal, eût été pour lui non moins périlleux que déshonorant. Après de longues hésitations, il se rendit à New-York, pour y attendre l'issue de la lutte. Triste attitude pour un agitateur populaire, mais dénouement inévitable de toute carrière politique, quand la force du caractère est dépassée par la hardiesse des discours.

La place abandonnée par M. Papineau fut immédiatement prise par un homme d'une grande énergie, le docteur Chénier, qui, sans canons, sans argent, sans vivres, presque sans munitions, avec trois ou quatre milliers d'hommes armés de mauvais fusils et de fourches, résolut de tenir tête aux troupes britanniques. Ayant eu l'avantage dans un premier engagement près de Saint-Denis, sur le Saint-Laurent, il divisa sa troupe en deux colonnes, et s'avança résolument sur Montréal, espérant y provoquer un soulèvement. Les Anglais, commandés par un vétéran de Waterloo, sir Colborne, marchèrent à la rencontre des rebelles avec neuf pièces de canon et les atteignirent près d'un village appelé Saint-Eustache. Leur aspect était formidable. Chénier, inaccessible au découragement donne le signal de l'attaque. « Mais, lui dirent plusieurs de ses hommes, nous n'avons pas d'armes. » — « Soyez tranquilles, leur répondit froidement Chénier, il y aura tout à l'heure des tués, vous prendrez leurs fusils. » Entraînés par son exemple, les insurgés combattirent en héros pendant plusieurs heures. Enfin n'ayant plus de cartouches, ils furent forcés dans leurs retranchements et se firent tuer jusqu'au dernier. Chénier périt avec eux. Les vainqueurs ne firent quartier à personne. Le village fut pillé et livré aux flammes. (Novembre 1837).

Quelle que fût l'extravagance de cette équipée, les insurgés Canadiens ne pouvaient être considérés comme des émeutiers ordinaires. Leur tentative n'était après tout qu'une protestation armée contre le droit de conquête : ils combattaient pour leur indépendance nationale ; leur cause était celle des Grecs, des Polonais, des Lombards, etc., qui passionnait alors toute l'Europe libérale et qui trouvait, en Angleterre même, tant de sympathies. Mais ils avaient blessé l'orgueil britannique dans ses fibres les plus intimes. La colonie anglaise de Montréal était altérée de sang : «Pour avoir » la paix, disait le *Herald*, son organe, il faut que » nous fassions une solitude ; il faut balayer les Canadiens de la surface de la terre. » La répression fut inexorable. Des forces militaires promenèrent la terreur et le ravage dans toutes les campagnes, plusieurs villages furent incendiés, un grand nombre de fermes furent détruites. En même temps, la police recherchait et faisait passer devant des cours martiales tous les fauteurs ou complices de la rébellion. 89 Franco-Canadiens furent condamnés à mort. Le gouverneur ému de pitié voulait leur faire grâce. Mais la faction britannique réclamait impérieusement des supplices. Treize de ces malheureux périrent sur l'échafaud le même jour, aux applaudissements d'une foule frénétique. Tous moururent avec fermeté.

Vers la même époque, M. Papineau quittait les Etats-Unis et débarquait en France à Bordeaux. Il parut ensuite dans les salons parisiens, portant au front l'auréole de la proscription. Plusieurs de nos contemporains se rappellent encore l'avoir entendu raconter avec feu les évènements dont il avait été, sinon le héros, du moins le principal promoteur. Plus tard, il fut amnistié par le gouvernement anglais, rentra dans sa patrie et mourut octogénaire dans son domaine de Monte-Bello.

Après les exécutions de Montréal, la faction anglaise maîtresse de la situation, résolut d'anéantir le parlement de Québec et l'autonomie franco-canadienne, comme complices de la rébellion. Elle eut facilement gain de cause auprès du cabinet de Londres, influencé par le bureau colonial. Dès 1839, un bill fut présenté par lord John Russel, pour supprimer la Constitution de 1791 et réunir en une seule province, les deux Canadas. L'association coloniale de Londres avait osé soumettre au parlement une pétition pour que les Franco-Canadiens, coupables de forfaiture, fussent déclarés déchus du droit de représentation, et gouvernés comme un peuple conquis ainsi qu'un 1760. Mais le ministère recula devant l'énormité d'un pareil système. L'opposition, MM. O'Donnell et Rœbuck en tête, n'avait pas abandonné la cause canadienne, et s'indignait qu'on voulût punir tout un peuple innocent pour quelques coupables. D'après le projet du gouvernement, les deux Canadas devaient avoir une représentation égale ; les assemblées devaient se tenir à Toronto, capitale du Haut-Canada, la langue anglaise devenait la langue officielle.

Dans ces conditions, le bill d'union put être envisagé comme une réforme nécessaire, inspirée par une politique aussi prévoyante qu'impartiale. Il fut adopté, presque sans discussion par la Chambre des Communes. À la Chambre des Lords, il ne fut combattu que par lord Godsford, ancien gouverneur de la province de Québec. Lord Godsford avait vu naître les troubles ; il en parlait avec l'autorité d'un témoin oculaire, il prouva que la population française prise en masse, était restée étrangère à l'insurrection, et dénonça l'union proposée comme « un acte des plus injustes et des plus tyranniques. » Mais, le parti de l'assemblée était pris. La passion et les préjugés anglais l'emportèrent : la Constitution de 1791 fut abrogée ; les deux Canadas furent réunis en un seul corps politique. Le Canada français, perdant son existence propre, dut graviter autour de son voisin britannique. Les fruits d'une patience et d'une sagesse presque séculaires étaient perdus par la folie de quelques *politicians* et de quelques cerveaux exaltés.

L'union des deux Canadas a duré 27 ans, de 1840 à 1867. Eclipse de la nationalité franco-canadienne, son histoire ne saurait entrer dans notre cadre. Nous n'y trouverions d'ailleurs qu'une série de discussions monotones où l'antagonisme des deux races se poursuit sur les budgets, répartition de recettes, constructions de canaux et de chemins de fer. La volonté de la métropole avait associé deux peuples, profondément divisés, par les langues, les traditions et le caractère. Chacun, par ses organes et sa vie publique, ne cessa de protester contre cette violence. Telle fut l'union des deux Canadas. Cherchons maintenant quelles causes et quelles circonstances amenèrent sa dissolution.

La population du Canada-Français, en 1844, était de 600 mille âmes. Celle du Haut-Canada, de 450 mille. Le bill d'union avait donc avantagé l'élément anglais, en décrétant l'égalité de représentation. Inférieurs en nombre, les Hauts-Canadiens avaient dans le Parlement un nombre de voix supérieur à celui des Franco-Canadiens. Car dans la part de ceux-ci figuraient les députés de 125 mille Anglais, habitant le Bas-Canada.

Mais ici, comme dans toutes ses autres combinaisons, les calculs du cabinet anglais furent trompés. Le courant d'immigration qu'il avait dirigé sur les Lacs, continua d'affluer. Par suite, la population anglaise, du Haut-Canada, s'accrut dans des proportions inouïes.

La province française, au contraire, ne recevant d'Europe presque aucun renfort, ne s'étendait que par le développement des familles. Dans ces conditions, la province anglaise put combler la différence en neuf ans, bien que la progression des naissances y fût de 3 et de 4 pour 0/0, moins forte que dans le Canada français. A partir de cette époque, les Anglo-Canadiens se prétendirent lésés par l'égalité de représentation, et tous leurs hommes politiques demandèrent avec ardeur la séparation des deux Parlements. Ainsi le régime inventé pour enlever à l'élément français sa prépondérance, était accusé, neuf ans après, de trop le favoriser.

D'autres provinces, telles que le Nouveau-Brunswick, la Nouvelle-Ecosse, l'île du Prince Edouard, où l'élément anglais dominait, prenaient vers la même époque, une extension imprévue, comme population et comme importance. On sentit bientôt la nécessité de les admettre à discuter dans une assemblée commune les intérêts qui les unissaient aux Deux-Canadas; mais chacune d'elles avait un parlement spécial et ne voulait pas y renoncer. Un seul moyen se présentait donc pour créer à l'ensemble de ces provinces la vie collective dont elles ne pouvaient plus se passer, c'était de *superposer*, *comme dans les Etats-Unis, un congrès national à des parlements provinciaux*. Ce système rendait à chacun des Deux-Canadas son autonomie.

Des pourparlers s'engagèrent, dès 1863, entre les délégués des différentes provinces pour étudier ce nouveau mode d'organisation. Avantageux à tous les intérêts locaux, l'arrangement ne pouvait guère échouer que par l'opposition de la métropole. Mais tout le monde sait combien la politique coloniale de l'Angleterre est devenue libérale depuis une trentaine d'années. Elle-même affranchit ses colonies de toute tutelle administrative; elle-même supprime les entraves qui pourraient gêner leur essor.

Dans cet ordre d'idées, le Gouvernement anglais vit sans ombrage la tendance des provinces Canadiennes à se former en fédération. Mais une autre raison appuyait ici pour l'Angleterre les maximes du libéralisme, c'était le voisinage des Etats-Unis. Les guerres de 1775 et de 1812, mêlées de succès et de revers pour les armées de cette république, n'avaient donné aux Anglais qu'une idée médiocre de sa puissance militaire. Mais quand arriva la guerre de sécession, quand on vit les Etats du Nord, à eux seuls, mettre sur pied, en quelques mois, plus de 500 mille hommes, l'Angleterre put mesurer mathématiquement l'effrayante disproportion de ses forces. Elle comprit l'impossibilité de défendre utilement le Canada, dans ce conflit éventuel, avec les 8 ou 9,000 hommes de garnisons, qu'elle entretenait coûteusement à Québec, Montréal et dans quelques forts de l'Ouest.

Elle crut donc sage de se soustraire aux chances d'une lutte inégale, en abandonnant aux Canadiens le soin de se protéger eux-mêmes suivant leurs ressources et les inspirations de leur patriotisme. Ce principe adopté, la domination anglaise *s'est tranformée d'elle-même en protectorat.* Les provinces canadiennes se sont constituées fédérativement, chacune devenant souveraine et s'administrant elle-même dans la sphère de ses intérêts particuliers, — toutes réglant leurs affaires communes par l'organe d'un congrès.

Le chef suprême de la confédération est le lord gouverneur, nommé par la reine et résidant à Québec. C'est lui qui nomme les ministres fédéraux et commande en chef les forces militaires. Le congrès se compose de deux chambres, savoir : le Sénat, dont les membres sont nommés à vie par le gouverneur-général, et la chambre des communes élue par les parlements des diverses provinces.

Dans chaque province, on retrouve un mécanisme analogue. L'administration est présidée par un gouverneur-lieutenant, émanation du lord gouverneur. Ce magistrat nomme des ministres qui sont responsables devant les parlements provinciaux.

La capitale de la confédération est Ottawa, jolie ville de 20,000 âmes, au Nord-Ouest de Montréal, située sur les confins des Deux-Canadas. Un vaste édifice, aux proportions monumentales, y sert de siége au Congrès. Le style en est peut-être trop féodal, mais l'ogive et la tourelle gothiques sont pour les architectes anglais une monomanie.

La consécration de ce nouveau régime, inauguré sous le titre de *Canadian-Dominion*, a été l'évacuation de tout le territoire par les troupes royales. Aujourd'hui, tous les points militaires sont occupés par des milices canadiennes. Un seul point, Halifax, conserve une garnison anglaise, à titre de station maritime.

Prophétiser le sort que l'avenir réserve à la Confédération canadienne serait téméraire. Pour le moment, le *Dominion* offre un spectacle empreint d'une certaine grandeur : celui d'un empire transatlantique égal par l'étendue à l'Europe entière, que l'Angleterre maintient sous sa dépendance, sans administration, sans police, sans dépenses, sans autre déploiement de force matérielle que deux régiments dans un port.

Institué sans opposition, avec l'assentiment et le concours de tous les partis, le *Dominion* compte aujourd'hui huit ans d'existence. Son influence peut être constatée déjà par un progrès remarquable dans toutes les branches d'industrie et d'activité sociale. Ainsi, pendant cette période, la proportion des terres cultivées dans le Canada s'est accrue de 49 0|0. Le progrès similaire aux Etats-Unis, malgré les torrents d'émigration européenne qui s'y déversent chaque année, n'est que de 44 0|0. L'accroissement de la production agricole a été, pour le Canada, de 113 0|0. Aux Etats-Unis, il n'est que de 45 0|0. Au Canada, la valeur moyenne d'un acre en culture est évaluée à 20 dollars 87 cents. Aux Etats-Unis, à 17 dollars 32. Pris en bloc, le Canada possède comparativement plus de chevaux, de bétail, et consomme plus d'étoffes que l'Etat de New-York, considéré comme le plus prospère des Etats-Unis.

On comptait en 1861, pour tout le Canada : 706,979 chevaux, 2,500,000 moutons, 1,200,000 porcs. Aujourd'hui, l'on compte plus d'un million de chevaux ; la totalité des bestiaux et bêtes de somme se chiffre par 7 millions de têtes. En 1861, la valeur totale des fermes canadiennes était estimée à 546 millions de dollars. Aujourd'hui, la même estimation monterait à plus d'un milliard de la même monnaie (plus de 5 milliards fr.)

L'agriculture canadienne applique les procédés scientifiques avec intelligence et succès. Les assolations sont bien entendues : faucheuses, moissonneuses, machines à drainage, etc., sont d'un usage commun dans les districts les plus reculés. Partout des sociétés se sont formées pour l'étude des perfectionnements agricoles. Des journaux, des revues spéciales discutent et popularisent les inventions, les méthodes nouvelles ; enfin, des instituts agronomiques répandent l'instruction professionnelle dans les classes rurales. Il est utile de mentionner ici qu'en 1867 ce fut le blé canadien (récolté près de Toronto) qui reçut le premier prix à l'exposition de Paris. Vers la même époque, d'importantes mines de pétrole étaient découvertes et mises en exploitation. Les chemins de fer, se ramifiant en tous sens, atteignaient un parcours de 5,000 kilomètres. Enfin, la marine marchande s'élevait au chiffre imposant de 900 mille tonnes !

Dans ce développement si rapide et si merveilleux, le Canada français peut revendiquer une glorieuse part. C'est par lui que la population s'augmente le plus rapidement ; par lui que la race européenne étend ses rameaux dans les régions les plus lointaines et les plus sauvages. C'est lui qui civilise les Indiens, transforme leur état social et les élève vers une destinée supérieure. Enfin, c'est dans son sein que rayonnent les principaux foyers de vie intellectuelle et de culture littéraire.

Je terminerai ici nos entretiens sur le Canada français en vous remerciant, Mesdames et Messieurs, de l'attention bienveillante dont vous m'avez honoré. Je constate avec bonheur l'intérêt et la sympathie que rencontre chez vous cette France transatlantique, éclose à notre insu et contre toute espérance, sur les débris de notre empire colonial. De pareilles dispositions existent partout, j'en suis sûr, dans notre vieille France ; ou du moins il serait facile de les éveiller, car la voix du sang a son éloquence, dans les peuples comme dans les familles ; l'enfant dont nous avions pleuré la mort se retrouve aujourd'hui sain et vigoureux. Faisons-lui fête au toît domestique, et rappelons-nous que le génie de la Grèce, affaibli dans Athènes, a retrouvé dans ses colonies, à Syracuse, Alexandrie, Antioche, plusieurs phases de rajeunissement. La France, j'en suis convaincu, saura rajeunir par elle-même. Mais aujourd'hui, dans nos infortunes, quand notre patrie est amoindrie en Europe et que ses ennemis proclament sa décadence et sa sénilité, le Canada français doit nous offrir une vue consolante, une réponse aux détracteurs de notre race, une garantie pour son avenir.

FIN.